Marion Dawidowski

Lustige Spielpuppen

Marion Dawidowski

Lustige Spielpuppen

Hand-, Finger- und Tütenpuppen leicht und schnell selbermachen

Vorlagen in Originalgröße

Augustus Verlag

Inhalt

Vorwort

Als ich vor einigen Jahren nach Handpuppen für meine Kinder suchte, fand ich nichts, was mir gefiel. Also machte ich mich selbst ans Werk, stöberte in Bilderbüchern nach Ideen und fragte meinen ältesten Sohn, welche Figuren er sich wünschte. Da mein Jüngster für Handpuppen noch zu klein war, bastelte ich ihm Tütenpuppen. Auch mit den winzigen Fingerpuppen haben wir schon viele Autofahrten und Wartezeiten beim Arzt auf lustige Weise verkürzt.

Mich freut es immer wieder zu sehen, wieviel Spaß die Kinder zu Hause und im Kindergarten mit den Spielpuppen haben. Alle lieben es, in andere Rollen zu schlüpfen und Geschichten zu erfinden. Auch wenn der Kasperl »Seid Ihr alle da?« fragt und der Clown seine Späße treibt, sind alle mit Feuereifer bei der Sache: Das ist viel spannender als immer nur fernsehen!

Damit die kleinen Spielkameraden lange leben, sind sie kindgerecht und strapazierfähig verarbeitet. Da ich auf die empfindliche Kinderhaut und steigende Zahl von Allergien Rücksicht nehme, habe ich sämtliche Materialien – vom Stoff bis zu Farben und Kleber – sehr sorgfältig ausgewählt.

Mit diesem Buch gebe ich Ihnen eine grundlegende Anleitung für die unterschiedlichsten Puppentypen aus meinem breiten Repertoire, die sich als Lieblinge der Kinder erwiesen haben. Sie werden sehen: Wenn man einmal angefangen hat, kommen die Ideen ganz von selbst – und Sie können im Handumdrehen ein ganzes Theaterensemble zusammenstellen!
Nun wünsche ich Ihnen viel Spaß beim Basteln und Ihrer ganzen Familie Freude beim Spiel.

Ihre

Marion Dawidowski

Ich bedanke mich bei allen, die mich bei der Entstehung dieses Buches unterstützt haben. Ein besonders herzliches Dankeschön gilt meinem Mann und meinen Kindern Daniel und Oliver für ihre Geduld sowie Delia Wulle für ihre Hilfe.

Alle Puppen im Überblick

Im ersten Teil des Buches lernen Sie die **Fingerpuppen** kennen, die zum Spielen einfach über den Zeigefinger gezogen werden. Sie sind etwa 9 cm groß und so einfach zu basteln, daß auch größere Kinder mithelfen können. Die Püppchen sind schnell in einem Köfferchen verstaut und können überallhin mitgenommen oder als nettes Mitbringsel verschenkt werden. Eine schöne Überraschung ist es, wenn die Hauptfigur aus dem Lieblingsbuch auf einmal lebendig wird! Fingerpuppen eignen sich für Kinder ab etwa drei Jahren; Babys könnten die aufgeklebten Teile verschlucken.

In Kapitel zwei erfahren Sie, wie **Tütenpuppen** gebastelt werden. Das Verschwinden und erneute Auftauchen der Figuren macht schon den Kleinsten Riesenspaß, doch sollten Sie ihnen diese Puppen nur in die Hand geben, wenn es keine aufgeklebten Moosgummi- oder Holzteile gibt.

In Teil drei finden Sie **Handpuppen**, für die ich Ihnen verschiedene Techniken vorstelle. Die drei Grundtypen lassen sich endlos abwandeln. Neben den klassischen Figuren des Kasperletheaters wie König und Prinzessin gibt's Anleitungen für Fantasiewesen.

Die knollennasigen Figuren sind schon für kleinere Kinder geeignet, denn sie haben weder angenähte Augen noch aufgeklebte Teile.

TIP:

Übertragen Sie die Anleitungen für die Fingerpuppen auf die Tütenpuppen – und umgekehrt!

Fingerpuppen

Material und Werkzeug

Wattekugeln oder Eier

Für den Puppenkopf brauchen Sie Kugeln oder Eier aus gewickelten Wattestreifen, die der Bastelhandel in vielen Größen anbietet. Die kleine Öffnung vergrößern wir später zum Fingerloch.

Übersicht Material

Wattekugel, Ø 4 cm, für den Puppenkopf
Holzperle, Ø 0,6 bis 1 cm, für die Nase (Größe siehe jeweilige Anleitung)
Zahnstocher zur Stabilisierung des Kopfes
Bastelfarbe
Woll- und Plüschreste für die Haare
Stoff- und Filzreste für die Kleidung
Filzrest, hautfarben, für die Hände
Reste von Spitzen und Bändern zum Dekorieren der Kostüme
Nähgarn, in den Farben passend zu den Stoffen
Bastelleim
Farbloser Mattlack (Sprühdose)

Holzperlen

Die Nasen der Fingerpuppen sind aus Holzperlen, die je nach Puppentyp einen Durchmesser von 0,6 bis 1 cm haben. Achten Sie darauf, daß die Holzperlen unlackiert sind, da sonst die Farbe nicht hält.

Farben

Die Gesichter werden mit handelsüblichen Bastelfarben gemalt (Bastelgeschäft). Sie benötigen Schwarz, Weiß, Rot, Gelb, Blau und Braun, eventuell Grün.

Wolle und Plüsch

Die Haare lassen sich aus dünner Wolle oder Plüsch formen. Hier genügen schon kleine Reste. Achten Sie beim Zuschneiden von Plüsch darauf, daß Sie nur das Untergewebe durchschneiden, nicht die Haare.

Stoffe

Für die Kleidung der Fingerpuppen eignet sich Filz besonders gut. Da er nicht ausfranst, braucht er nicht gesäumt zu werden. Auch unifarbene oder kleingemusterte, nicht zu dünne Baumwollstoffe sind ideal. In diesem Fall muß der Stoff allerdings gesäumt werden.
Sammeln Sie kleine Reste von Spitzen, Borten und Bändern zum Dekorieren der Kostüme. Halten Sie auch Ausschau nach winzigen Knöpfen und Accessoires, etwa Hüte aus Filz oder Bast.

Was Sie sonst noch brauchen, haben Sie sicher im Haushalt:

Übersicht Werkzeuge und Hilfsmittel

Weicher Bleistift zum Vorzeichnen
Pinsel Größe 2 und Größe 6
Wasserbecher
Küchenkrepp
Deckel von Schraubgläsern zum Mischen der Farben
Wasserglas zum Trocknen der Köpfe
Feines Schmirgelpapier
Nähmaschine (nicht unbedingt erforderlich)
Nähnadeln
Stecknadeln
Stoffschere
Spitze Nagelschere
Haushaltsschere
Scharfes Küchenmesser oder Skalpell

Am Beispiel von Simsa, dem Zauberer, zeige ich Ihnen nun Schritt für Schritt, wie eine Fingerpuppe gebastelt wird. Die übrigen Puppen werden – von individuellen Besonderheiten abgesehen – genauso gemacht. Sie finden alle nötigen Schnitteile auf dem Vorlagebogen A.

Simsa, der Zauberer

Material

Siehe Seite 7
Außerdem:
1 ovale Holzperle für die Nase, Ø 0,6 cm
Schwarzer Plüsch
Dunkelblauer Filz, 9 x 12 cm
Kleine Sternchen zum Aufkleben

Lesen Sie die Arbeitsanleitung bitte ganz durch, bevor Sie mit dem Basteln beginnen.

Kopf

Legen Sie sich Wattekugel, Holzperle, Zahnstocher und Bastelleim sowie eine Stecknadel, eine spitze Nagelschere und Schmirgelpapier zurecht.
Mit der spitzen Nagelschere vergrößern Sie das Loch in der Wattekugel so weit, daß Ihr Zeigefinger hineinpaßt und die Kugel guten Halt hat.
Läßt sich ein ganzer Wattestreifen herausziehen, muß dieser abgeschnitten werden, da das Abwickeln das Loch eher verbreitert als vertieft.

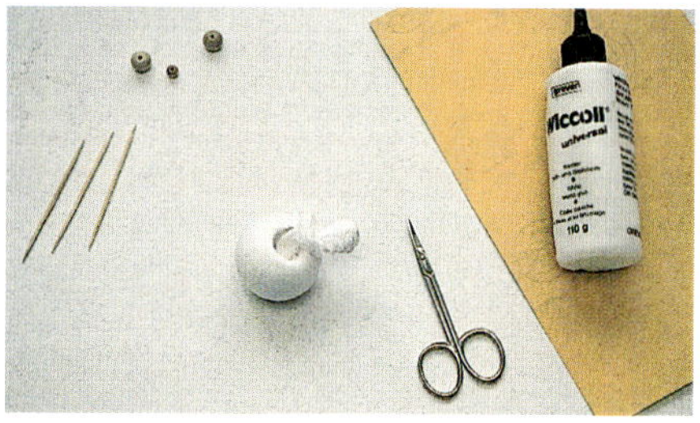

Die Holzperle wird als Nase nicht nur angeklebt, sondern zum besseren Halt folgendermaßen vorbereitet: Geben Sie etwas Bastelleim in die Bohrung der kleinen Holzperle und stecken den Zahnstocher durch. Auf der einen Seite der Perle schneiden Sie den Zahnstocher mit der Schere bündig ab und schleifen die Schnittstelle mit dem Schmirgelpapier glatt. Das andere Ende des Zahnstochers wird soweit gekürzt, daß ein Stiel von etwa 1 cm an der Perle bleibt.

Suchen Sie sich die schönste Seite der Wattekugel für das Gesicht aus. Mit einer Stecknadel stechen Sie dort, wo später die Nase sitzen soll, ein Loch mittig in die ausgesuchte Gesichtshälfte.
Geben Sie etwas Bastelleim auf das Loch. Stecken Sie den Stiel der Nase ganz hinein.

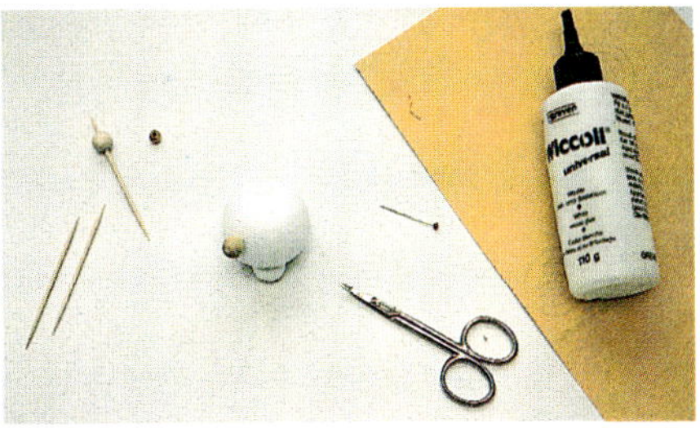

Bemalung

Bevor Sie beginnen, holen Sie sich Pinsel, Küchenkrepp, Wasserbecher, Farben, Bleistift und Schraubdeckel zum Mischen der Farbe. Am besten stecken Sie den Wattekopf auf einen dicken Stift: So können Sie ihn beim Bemalen gut festhalten und zum Trocknen in einem Glas abstellen.
Die weiße Wattekugel als erstes hautfarben grundieren. Mischen Sie das Weiß mit ganz wenig Rot und Braun, bis Ihnen der Farbton gefällt. Nun tragen Sie die Farbe gleichmäßig mit dem dickeren Pinsel auf Kopf und Nase auf. Die Farbe gut trocknen lassen.
Zeichnen Sie mit dem weichen Bleistift Augen und Mund dünn vor. Die Augen haben bei den meisten Figuren (bis auf den Zauberer) eine kreisrunde Form. Malen Sie zuerst mit dem dünnen Pinsel die Schlitzaugen des Zauberers (bei den übrigen Figuren einen Kreis) in der Augenfarbe auf (hier Grün). Mischen Sie dazu Gelb und Blau. Nehmen Sie mit der Pinselspitze immer nur wenig Farbe auf. Nach dem Aufmalen lassen Sie die Farbe gut trocknen. Mit Schwarz malen Sie nun eine Pupille in die Mitte der Iris. Bei dunklen Augenfarben wie Braun oder Schwarz ist dies nicht nötig.
Nachdem auch die Pupille getrocknet ist, setzen Sie einen kleinen weißen Punkt als Lichtreflex an den Rand der Pupille, etwa im oberen Drittel. Nun wirken die Augen lebendig.

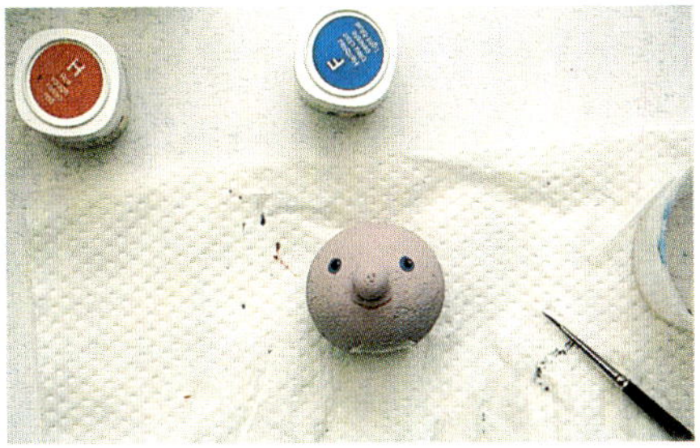

Die Augenbrauen werden meist in einem leicht geschwungenen Bogen in Braun oder Schwarz gemalt. Der Zauberer Simsa hat gerade, schwarze Augenbrauen.
Den Mund malen Sie in Rot. Bis auf den Clown bekommen alle Figuren eher ein dezentes Lächeln: So haben die Kinder mehr Ausdrucksmöglichkeit beim Spiel.
Nun malen Sie dem Zauberer noch einen großen, schön geschwungenen Schnurrbart mit schwarzer Farbe. Lassen Sie die Farbe gut trocknen und fixieren Sie anschließend alles mit mattem, farblosem Lack.

Kleidung

Zuschneiden:
Alle Teile werden ohne Zugaben zugeschnitten.
2 x Grundschnitt Körper (blauer Filz)
2 x Grundschnitt Hände (hautfarbener Filz)
1 x Hut (blauer Filz).

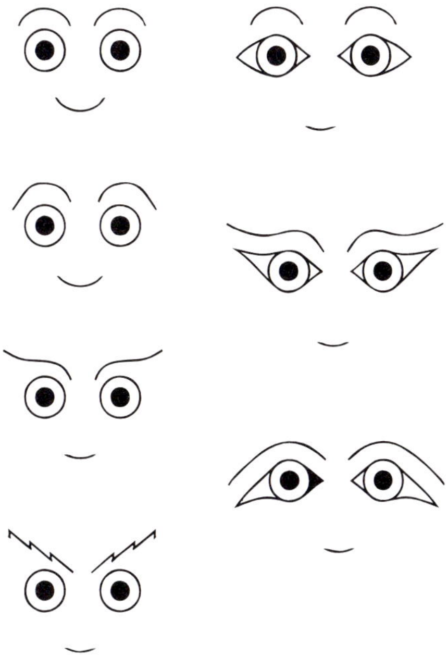

Legen Sie beide Körperteile rechts auf rechts zusammen. Stecken Sie die Handteile innerhalb der Markierungen zwischen Vorder- und Rückenteil, so daß die gerade Kante in der Naht mitgefaßt wird.

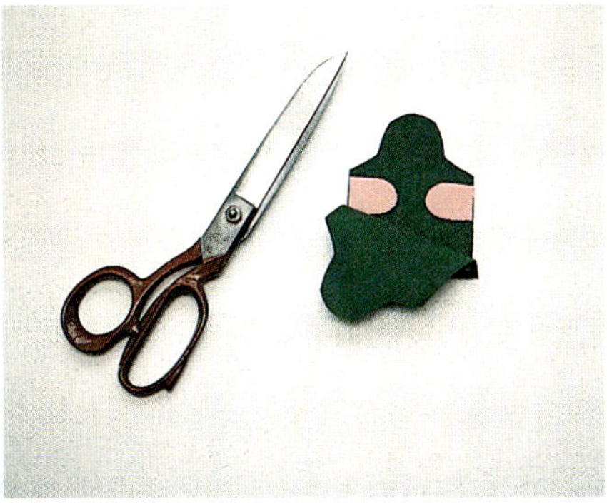

Die Handteile liegen dabei zunächst nicht sichtbar zwischen den Körperteilen. Schließen Sie die Naht mit der Nähmaschine oder von Hand, die Saumkante bleibt offen. Nun wenden Sie das Gewand, so daß die Naht innen liegt.
Kleben Sie mit Bastelleim einige Sternchen auf.

Hut und Haare

Für den Hut legen Sie die Kanten A und B des Hutteils aufeinander und nähen es zu einer Tüte zusammen. Wenden Sie das Hutteil auf rechts und verzieren es ebenfalls mit Sternchen.
Kleben Sie den Hut mit Bastelleim auf den Kopf, etwa an der Stelle, an der ein natürlicher Haaransatz wäre.
Schneiden Sie aus dem schwarzen Plüschrest einen 12 cm langen und 1,5 cm breiten Streifen, der an den Enden spitz zuläuft. Den Streifen kleben Sie um den Hut herum. Bei sehr langhaarigem Plüsch stutzen Sie die Frisur noch etwas.

Fertigstellung

Setzen Sie das Körperteil auf Ihren Finger und geben etwas Bastelleim auf den Hals der Puppe. Stecken Sie den Kopf fest auf. Ziehen Sie Ihren Finger nun vorsichtig wieder heraus. Sobald der Kleber getrocknet ist, ist Ihre erste Fingerpuppe spielbereit.

Die kleine Liesel

Material

Siehe Seite 7. Außerdem:
Holzperle für die Nase, Ø 0,6 cm
Gelbe Wolle
Kleingemusterter Baumwollstoff, 12 x 9 cm
Stoff fürs Kopftuch, 20 x 8 cm
0,4 cm breites Schleifenband, 20 cm lang

Kopf und Frisur

Wie Sie die Kopf-Wattekugel vorbereiten und bemalen, lesen Sie auf den Seiten 8 und 9.
Die Haare entstehen aus gelber Wolle, die Sie fünfzehnmal um Ihre Handfläche wickeln. Auf einer Seite aufschneiden, in der Mitte mit einem Wollfaden zusammenbinden. Kleben Sie jetzt die Haare auf beiden Seiten des Kopfes an, und zwar von der Stirn bis etwa auf Mundhöhe. Der Hinterkopf bleibt frei. Flechten Sie zwei Zöpfe, die mit kleinen Schleifen zusammengehalten werden.

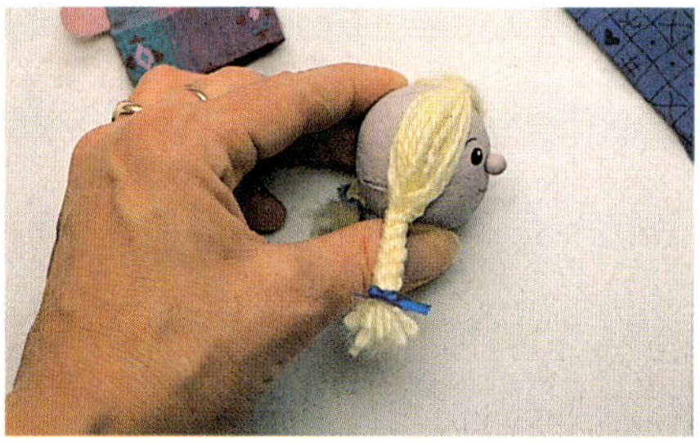

Kleidung

Kleid nähen: siehe Seite 9; die untere Kante wird schmal gesäumt.
Das Kopftuch: Schlagen Sie die lange Kante 0,5 cm ein und kleben Sie sie auf der Mitte des Haarschopfes beginnend um den Kopf herum. Am Hinterkopf verknoten Sie die beiden Spitzen und stecken die dritte Spitze hinter den Knoten. Mit einem Tropfen Bastelleim sichern.

Herr Eilig, der Polizist

Material

Siehe Seite 7
Außerdem:
Holzperle für die Nase, Ø 1 cm
Kleiner goldener Knopf
Braune Wolle
Filz in Grün, 9 x 12 cm
Kleine Filzreste in Weiß und Schwarz

Kopf

Wie Sie die Wattekugel vorbereiten, lesen Sie auf Seite 8 und 9.
Die Augen werden braun und kugelrund gemalt; die Augenbrauen sind in einem leichten Bogen mit brauner Farbe gezogen. Über den freundlichen roten Mund setzen Sie mit brauner Farbe einen kleinen Schnurrbart.

Frisur

Wickeln Sie die braune Wolle einige Male um zwei Finger Ihrer Hand.
Schneiden Sie nun die aufgewickelten Wollfäden an einer Seite auf und binden sie in der Mitte mit einem Wollfaden zusammen.

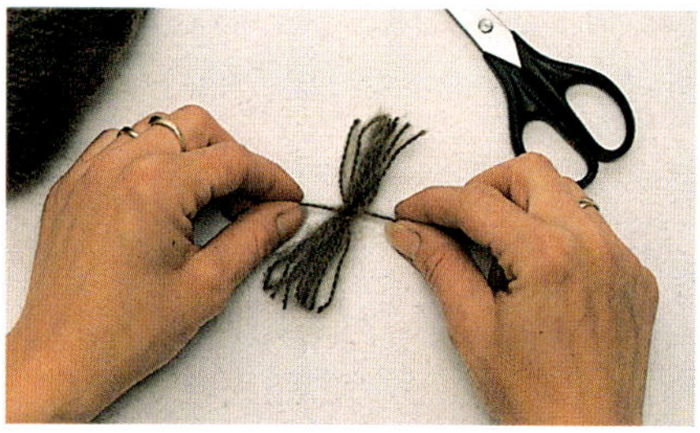

Bestreichen Sie die Scheitellinie des Kopfes mit Bastelleim, dann kleben Sie den Haarschopf auf. Verteilen Sie die Haare so, daß die Seiten und der Hinterkopf von Haaren bedeckt sind, die Stirn bleibt frei. Kleben Sie nun die Haare fest, die direkt am Kopf anliegen, damit keine kahlen Stellen zu sehen sind.

Kleidung

Zuschneiden:
2 x Grundschnitt Körper (grüner Filz)
2 x Grundschnitt Hände (hautfarbener Filz)
1 x Hutteil A (weißer Filz)
1 x Hutteil B (weißer Filz)
1 x Hutteil C (schwarzer Filz).

Nähen Sie das Kostüm nach der Anleitung auf Seite 9. Verzieren Sie es anschließend mit dem goldenen Knopf.

Polizeimütze

Schließen Sie Teil A mit einer Naht zum Ring und wenden es. Der Filzring wird mit einer offenen Kante rundherum an das Mützenteil B genäht. Diese Naht bleibt sichtbar. Gegenüber der rückwärtigen Naht der Filzmütze wird das Teil C, der Schirm, angenäht. Legen Sie dazu Teil C unter den Mützenrand A und steppen es von der Außenseite knappkantig an. Kleben Sie die Polizeimütze auf die Haare und stutzen die Frisur noch etwas zurecht.

Fertigstellung

Siehe Anleitung Seite 9.

August, der Clown

Material

Siehe Seite 7. Außerdem:
Holzperle für die Nase, Ø 1 cm
Rote Wolle für die Haare
Kleingemusterter Baumwollstoff, 12 x 9 cm
Schmales Band, 10 cm lang

Kopf

Wie Sie die Wattekugel vorbereiten, lesen Sie auf Seite 8.
Nun kann August für seinen großen Auftritt geschminkt werden: Färben Sie zuerst die Nase rot, dann tragen Sie weiße Farbe auf Augen und Mund auf. Gut trocknen lassen, die Augen wie auf Seite 9 beschrieben malen. Zum Schluß mit Rot die keck lachenden Lippen aufsetzen.

Frisur

Die roten Wollhaare werden nach der Anleitung auf Seite 10 hergestellt.

Kleidung

Zuschneiden:
2 x Grundschnitt Körper (Baumwollstoff, mit 0,5 cm Nahtzugabe)
2 x Grundschnitt Hände (hautfarbener Filz).

Nähen
Siehe Anleitung Seite 9; die untere Kante wird hier zusätzlich schmal gesäumt.
Nehmen Sie das Band, binden eine kleine Schleife und heften sie mit ein paar Handstichen auf das Kostüm.
Wir haben unserem Clown noch einen Filzhut aufgesetzt, den es im Bastelbedarf zu kaufen gibt.

Fertigstellung

Die Anleitung finden Sie auf Seite 9.

Der Kasperl

Material

Siehe Seite 7. Außerdem:
Holzperle für die Nase, Ø 1 cm
Kleines Glöckchen für die Mütze
Gelbe Wolle
Karierter Baumwollstoff, 12 x 9 cm
Roter Filz, 12 x 7 cm
Blauer Filz, 16 x 20 cm

Kopf, Haare und Bemalung

Siehe Seite 8 und 10. Malen Sie dem Kasperl blaue Augen, eine rote Nase und ein verschmitztes Lachen.

Kleidung

Zuschneiden:
2 x Grundschnitt Körper (karierter Stoff mit 0,5 cm Nahtzugabe)
2 x Grundschnitt Hände (hautfarbener Filz)
4 x Beinteile (blauer Filz)
1 x Mützenteil (roter Filz)

Beachten Sie, daß Sie beim Zuschneiden der Körperteile das Schnittmuster nicht im Fadenlauf legen, sondern so, daß die Karos auf der Spitze stehen. Für die Beinteile werden zwei Teile seitenverkehrt zugeschnitten.
Das Kostüm nähen Sie wie auf Seite 10 beschrieben.
Legen Sie je zwei Beinteile aufeinander und steppen diese knappkantig zusammen. Die Beine werden nicht gewendet.
Schieben Sie die Beine 0,5 cm unter den Saum des Vorderteils. Sie liegen dann direkt nebeneinander. Nähen Sie die Beine nun von der rechten Stoffseite des Gewandes aus an.
Für die Mütze legen Sie die Kanten A und B aufeinander und nähen sie zu einer Tüte zusammen. Wenden Sie die Mütze und nähen das Glöckchen mit einigen Stichen an der Spitze fest. Die Mütze kleben Sie mit Bastelleim auf den Kopf. Klappen Sie die Mützenspitze herunter und fixieren sie auf halber Höhe mit Handstichen am Kopf.

Blaue Feder, der Indianer

Material

Siehe Seite 7. Außerdem:
Holzperle für die Nase, Ø 1 cm
Kleine blaue Feder
Schwarze Wolle
Beiger Filz oder Fensterleder, 12 x 9 cm
Bordeauxfarbener Filz für die Hände
Gelbes Band, 0,4 cm breit, 16 cm lang

Kopf und Frisur

Kopf basteln: siehe Seite 8.
Der Indianer hat einen dunklen Hautton. Mischen Sie Rot und Braun mit etwas Weiß, bis Sie den gewünschten Hautton erhalten. Augen und Mund malen Sie wie auf Seite 9 beschrieben. Die Kriegsbemalung tragen Sie wie in dem Foto auf oder frei nach Ihrer Fantasie.
Die Haare formen Sie aus dünner schwarzer Wolle entsprechend der Beschreibung auf Seite 10, nur etwas länger.
Die Wolle wird dazu mehrere Male um die Handfläche gewickelt, auf einer Seite durchgeschnitten und in der Mitte mit einem Wollfaden zusammengebunden.
Kleben Sie die Haare so auf den Kopf, daß er auch hinten bedeckt ist.
Das gelbe Band kleben Sie als Stirnband um den Kopf herum. Am Hinterkopf verknoten Sie es und stecken die blaue Feder hinein. Mit einem Tropfen Bastelleim sichern.

Kleidung

Zuschneiden:
2 x Grundschnitt Körper (beiger Filz)
2 x Grundschnitt Hände (bordeauxfarbener Filz)

Kostüm nähen: siehe Seite 9. Bekleben Sie das Vorderteil mit einem Muster aus bunten Filzrestchen.

Einauge, der Pirat

Material

Siehe Seite 7. Außerdem:
Holzperle für die Nase, Ø 1 cm
Brauner Plüschrest
Rot-weiß gestreifter Stoff, 12 x 9 cm
Schwarzer Filz, 7 x 7 cm
Weißer Filz, 6 x 6 cm

Kopf und Frisur

Verarbeiten und grundieren Sie die große Wattekugel nach der Anleitung auf Seite 8 und 9.
Bei der Bemalung berücksichtigen Sie, daß ein Auge durch eine Augenklappe ersetzt wird. Ein paar Bartstoppeln mit brauner Farbe runden die Bemalung ab.
Die etwas wilde Frisur wird aus braunem Plüsch geformt. Schneiden Sie einen 25 cm langen und 1 cm breiten Streifen zu. Kleben Sie diesen – im Nacken beginnend – spiralförmig um den Kopf. Mit Stecknadeln können Sie den Plüschstreifen auf dem Kopf feststecken, bis der Bastelleim getrocknet ist. Ist Ihr Plüschrest nicht lang genug, können Sie 2 Streifen schneiden und nacheinander aufkleben. Der Wirbelbereich bleibt frei. Schneiden Sie den Schopf anschließend etwas nach.

Kleidung und Hut

Zuschneiden:
2 x Grundschnitt Körper (gestreifter Stoff mit 0,5 cm Nahtzugabe)
2 x Grundschnitt Hände (hautfarbener Filz)
1 x Kragen (weißer Filz)
2 x Hutteil (schwarzer Filz).

Das Kostüm wird genäht wie auf Seite 10 beschrieben. Der weiße Filzkragen wird lose übergestülpt. Für den Piratenhut legen Sie die beiden Hutteile aufeinander und nähen sie an der gebogenen Kante entlang knappkantig zusammen. Der Hut wird nicht gewendet. Kleben Sie ihn mit Bastelleim auf dem Kopf fest.

Friedel, der Frosch

Material

Siehe Seite 7. Außerdem:
Wattekugel für die Schnauze, Ø 1,5 cm
Zwei Wackelaugen, Ø 1 cm
Grüner Filz, 16 x 9 cm
Gelbes Moosgummi, Rest
Scharfes Messer oder Skalpell
Schneideunterlage

Zip vom blauen Stern

Material

Siehe Seite 7. Außerdem:
Zwei Holzperlen, Ø 1 cm
Spiralfeder eines Kugelschreibers
Sternglitter, blau
Metallic-Bastelfarben: rot, blau, silber (Perlglanzcolor)
Mittelblauer Filz, 12 x 9 cm
Grauer Filzrest

Kopf

Wie Sie die Wattekugel vorbereiten, lesen Sie auf Seite 8.
Für die Augen halbieren Sie die kleinere Wattekugel (1,5 cm) mit dem Messer. Legen Sie die Hälften mit der flachen Seite auf die Unterlage und schneiden nochmal ein Viertel von jeder Hälfte ab. An dieser kleineren Fläche wird der Klebstoff aufgetragen, dann fixieren Sie die Augen mit 1,5 cm Abstand voneinander auf den Puppenkopf. Dabei zeigt die abgeflachte Seite nach vorn, also zum Gesicht.
Grundieren Sie nun den Kopf mit grüner Farbe. Mit Schwarz malen Sie zwei kleine schwarze Punkte für die Nase und ein breites, freundliches Maul.
Die Wackelaugen werden jetzt mittig auf die flache Seite der Augäpfel geklebt.

Körper

Zuschneiden (ohne Zugaben):
2 x Grundschnitt Körper (grüner Filz)
2 x Froschhände (grüner Filz)
1 x Frosch-Krone (gelbes Moosgummi).

Nähen Sie den Körper nach der Anleitung auf Seite 9.
Kleben Sie die ausgeschnittene Moosgummi-Krone zum Ring zusammen und kleben sie dem Frosch auf. Sie können die Krone auch aus Filz oder Goldpapier basteln, das aber leicht knittert.

Kopf

Der Kopf wird nach der Anleitung auf Seite 8 gebastelt und mit Metallic-Farbe bemalt.
Die Spirale des Kugelschreibers benötigen Sie für die Antennen. Biegen Sie dazu beide Enden der Spirale auf. In der Kopfmitte stechen Sie mit einer Stecknadel ein Loch vor. Kleben Sie ein Ende der Spirale mit Bastelleim in das Kopfloch ein, auf das andere Ende kleben Sie die metallicblau bemalte Holzkugel.

Kleidung

Zuschneiden:
2 x Grundschnitt Körper (Mittelblauer Filz)
2 x Grundschnitt Hände (grauer Filz).

Nähen Sie das Kostüm nach der Anleitung auf Seite 9 und kleben zum Schluß Sternchen auf.

Taps, der Bär

Material

Siehe Seite 7. Außerdem:
Kleine Wattekugel für die Schnauze und Ohren, Ø 1,5 cm
Brauner Filz, 15 x 9 cm
Scharfes Messer oder Skalpell
Schneideunterlage

Kopf

Er wird wieder nach der Anleitung auf Seite 8, jedoch ohne Nase, vorbereitet. Halbieren Sie nun die kleinere Wattekugel mit 1,5 cm Durchmesser. Eine Hälfte legen Sie mit der flachen Seite auf die Unterlage und schneiden ein Drittel mit dem Messer ab. Das Reststück bildet das Schnäuzchen des Bären.

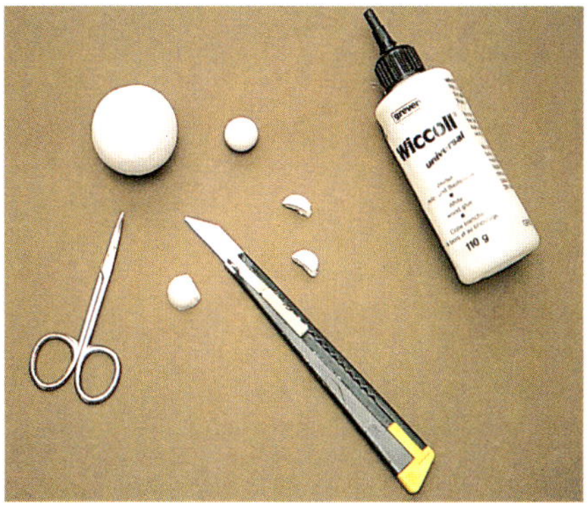

Die andere Hälfte der kleinen Wattekugel legen Sie ebenfalls auf die Unterlage und teilen sie in zwei Hälften. Diese Formen ergeben die Ohren.

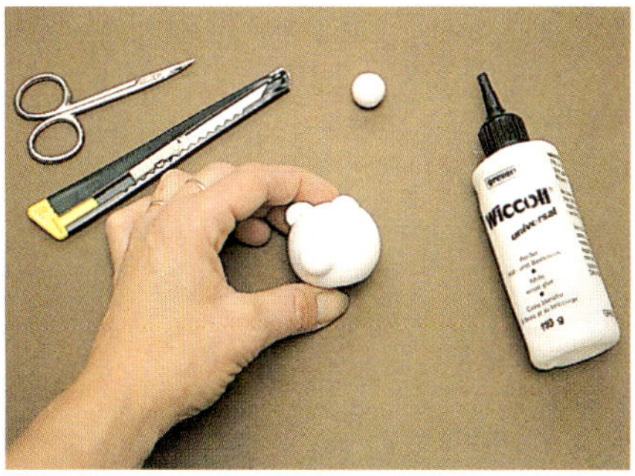

Kleben Sie alle Teile wie auf dem Foto zu sehen an die Kopfkugel.

Bemalung

Der Kopf des Bären wird braun grundiert. Schnauze und Augen werden mit schwarzer Farbe gemalt. Den Augen malen Sie einen weißen Lichtreflex.

TIP:

Wie wär's mit einem kleinen Eisbär? Einfach alles in Weiß malen und basteln!

Körper

Zuschneiden:
2 x Grundschnitt Körper (brauner Filz)
2 x Grundschnitt Hände (brauner Filz).

Nähen Sie nach der Anleitung auf Seite 9.

Leo, der Löwe

Material

Siehe Seite 7. Außerdem:
Wattekugel für die Schnauze, Ø 1,5 cm
Plüsch oder Fell, 12 cm lang und 1,5 cm breit
Helloranger Filz, 16 x 9 cm

Kopf

Bereiten Sie die größere Wattekugel wie auf Seite 8 beschrieben vor.
Die kleinere Wattekugel (1,5 cm) wird halbiert, eine Hälfte mit der flachen Seite auf die Unterlage gelegt. Schneiden Sie nun ein Drittel der Halbkugel ab. Der größere Zwei-Drittel-Teil bildet dann die Schnauze des Löwen.
Legen Sie die andere Hälfte auf die Unterlage und halbieren Sie sie nochmals. Diese beiden Teile schneiden Sie nun nach der Skizze in Form.

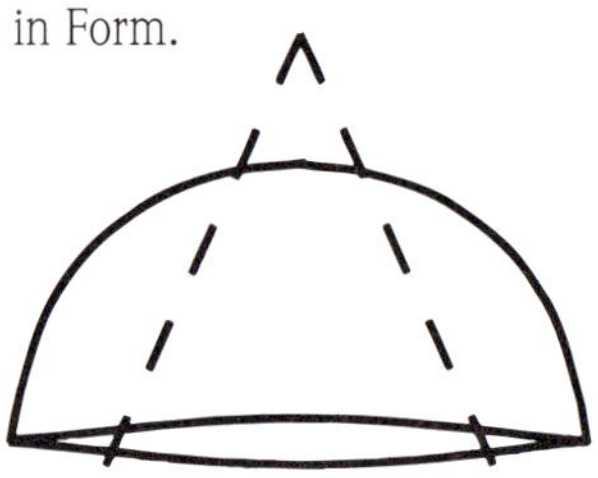

Kleben Sie die Schnauze auf. Die Ohren mit einem Abstand von 1 cm auf den Kopf aufkleben. Die flache, dreieckige Seite der Ohren zeigt zum Gesicht.

Bemalung

Der Löwe hat ein orangefarbenes Fell. Mischen Sie dazu die Farben Rot und Gelb. Der Kopf kann etwas dunkler sein als der Filz des Körpers.
Nase, Mund und Augen werden in Schwarz gemalt.

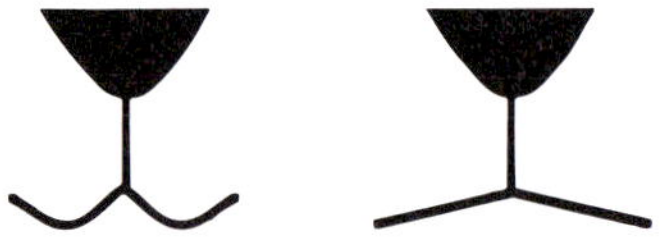

Freundlich Grimmig

Körper

Zuschneiden:
2 x Grundschnitt Körper (oranger Filz)
2 x Grundschnitt Hände (oranger Filz).

Nähen Sie nach der Anleitung Seite 9.

Für die Löwenmähne schneiden Sie den Fellstreifen an den Enden spitz auslaufend zu und kleben ihn, am Kinn beginnend, um den Kopf herum.

Buhu, das Gespenst

Material

Siehe Seite 7. Außerdem:
Watte-Ei, 3 x 4 cm (Kopf)
Holzperle für die Nase, Ø 1 cm
Zwei Wackelaugen, Ø 0,7 cm
Weißer Filz, 15 x 9 cm
Weißer Plüsch, kleines Reststück

Kopf

Im Gegensatz zu den übrigen Fingerpuppen mit kugelrunden Köpfen dient bei Buhu ein Watte-Ei als Kopf. Vergrößern Sie das Loch auf der flachen Seite des Eis. Die Nase wird wie auf Seite 8 und 9 beschrieben gestaltet.

Bemalung

Der Kopf wird trotz seiner weißen Farbe noch einmal weiß grundiert. Er erhält so mehr Festigkeit. Die Nase wird ebenfalls weiß gefärbt, den Mund malen Sie mit schwarzer Farbe. Die Wackelaugen werden mit Bastelleim aufgeklebt.

Frisur

Aus dem weißen Plüschrest schneiden Sie ein 1 x 1 cm kleines Stück heraus. Achten Sie darauf, daß Sie nur das Gewebe durchschneiden und nicht die Haare. Kleben Sie den Haarschopf mittig auf den Kopf.

Kleidung

Zuschneiden:
2 x Grundschnitt Körper (weißer Filz)
2 x Grundschnitt Hände (weißer Filz).

Nähen Sie das Kostüm nach der Anleitung auf Seite 9.

Fips, der Affe

Material

Siehe Seite 7. Außerdem:
Zwei Wattekugeln, Ø 1,5 cm
Brauner Filz, 15 x 9 cm
Scharfes Messer oder Skalpell
Schneideunterlage

Kopf

Wattekugel vorbereiten: siehe Seite 8.
Für die Schnauze und die Ohren halbieren Sie die zwei kleinen Wattekugeln (Durchmesser 1,5 cm). Eine halbe Wattekugel ist die Schnauze. Zwei weitere Hälften legen Sie mit der flachen Seite auf die Unterlage und schneiden je ein Drittel weg. Kleben Sie nun die Teile auf die Kopfkugel auf – wie auf dem Foto zu sehen ist.

Bemalung

Grundieren Sie den Kopf braun. Gut trocknen lassen.
Malen Sie Ohrinneres und Schnauze in einem Rosaton, den Sie mit etwas Braun abgedunkelt haben. Der Beigeton der Augen wird aus Braun mit einer Spur Weiß und Gelb gemischt.
Wenn die Farbe trocken ist, setzen Sie die schwarzen Pupillen und weiße Lichtpunkte auf.
Deuten Sie die Nase an, indem Sie zwei kleine schwarze Punkte malen. Eine dünne geschwungene Linie formt den Mund.

Körper

Zuschneiden:
2 x Grundschnitt Körper (brauner Filz)
2 x Affe/Hände (brauner Filz).

Nähanleitung siehe Seite 9.

Tütenpuppen

Wie bei den Fingerpuppen erhalten Sie wieder eine Grundanleitung, die für alle Tütenpuppen gilt. Auch Materialien, die Sie ständig brauchen, zeige ich Ihnen vorab. Besondere Zutaten für bestimmte Puppen-Varianten finden Sie bei den einzelnen Anleitungen.
Bitte lesen Sie die Anleitung wieder ganz durch, bevor Sie ans Werk gehen, und beachten Sie: Die Tütenpuppen gibt's in zwei verschiedenen Größen, als Größe I und II bezeichnet. Sie finden alle Vorlagen auf dem Bogen A.

Zeichenkarton

Für die Tüten besorgen Sie sich Zeichen- oder Tonkarton, wie er auch für Fensterbilder verwendet wird. Ungeeignet sind dünnes Tonpapier und -pappe, da diese beim Aufrollen knickt.

Da der Karton bei den fertigen Puppen nicht sichtbar ist, spielt die Farbe keine Rolle. Sie können also all Ihre Bastelreste aufbrauchen.

Material und Werkzeug

Übersicht Material

Für die Tüte:
Zeichenkarton, 15 x 15 cm (Größe II: 21 x 21 cm)
Filz, 16 x 16 cm (Größe II: 22 x 22 cm)
Für das Kostüm:
Stoff, 35 x 15 cm
Hautfarbener Filz (Hände)
Nähgarn
Für den Körper:
Holzkugel, Ø 3 cm (4 cm)
Holzkugel, Ø 1,5 cm (1,5 cm)
Rundholz, Ø 0,6 cm, 30 cm lang (0,8 cm, 40 cm)
Bastelfarben in Schwarz, Weiß, Rot, Blau, Braun
Woll- oder Plüschreste
Außerdem:
Bastelleim
23 cm Borte oder Spitze
Moosgummi, je nach Puppe
Sekundenkleber

Stoffe

Die Tüten werden mit handelsüblichem Bastelfilz überzogen, den der Handel als Meterware oder Abschnitte anbietet. Diese Stücke sind manchmal zu klein, nehmen Sie am besten Ihre Schablonen zum Einkauf mit.
Wollen Sie die Kartontüte mit Baumwoll- oder anderen Stoffen bekleben, wählen Sie feste, dicke Qualitäten, damit der Klebstoff nicht durchschlägt. Tip: Wenn Sie nicht sicher sind, ob der Stoffrest geeignet ist, kleben Sie probeweise ein kleines Stück Karton mit Bastelleim auf.
Für die Kleider der Püppchen nehmen Sie vorzugsweise dünnere, weiche Stoffe, die nicht knittern.

Plüsch und Wolle

Die Frisuren werden aus Woll- oder Plüschresten geformt. Wählen Sie Wolle bis Nadelstärke drei, dickere Wolle wirkt zu wuchtig.

Bei Plüsch beachten Sie die Strichrichtung und schneiden Sie immer nur das Gewebe durch, nicht die Haare selbst.

Holzteile

Die Holzkugeln für den Kopf und Abschluß des Führungsstabes erhalten Sie im Bastelbedarf. Rundholzstäbe finden Sie in Baumärkten und Holzfachhandlungen, häufig auch in Bastelgeschäften.

Moosgummi

Moosgummi gibt es in großer Auswahl im Bastelgeschäft. Eine Materialstärke von 0,2 cm ist ausreichend.

Kleber

Für die meisten Klebearbeiten ist Bastelleim gut geeignet (beispielsweise Wiccoll express von Greven oder Uhu coll). Moosgummi läßt sich am besten mit Sekundenkleber kleben (etwa von Uhu). Achten Sie beim Arbeiten mit Sekundenkleber darauf, daß er nicht an die Haut oder in die Augen gerät. Auch sollte es selbstverständlich sein, daß er nicht in Kinderhände gehört.

Übersicht Werkzeug

Bleistift
Pinsel, Größe 2
Wasserbecher
Scharfes Messer
Küchenkrepp
Deckel von Glaskonserven zum Mischen der Farben
Nähmaschine
Nähnadeln
Stecknadeln
Stoffschere
Haushaltsschere

Verwenden Sie nur Stecknadeln mit Glaskopf. Diese werden nicht so leicht übersehen. Es wäre schade, wenn sich die Kinder die Hände zerstechen und Sie die Handpuppen noch einmal ganz aufmachen müßten.

Zipfel, der Zwerg

Material

Holzkugel, Ø 3 cm
Holzkugel, Ø 1,5 cm
Rundholzstab, Ø 0,6 cm, 30 cm lang
Bastelfarben
Zeichenkarton, 15 x 15 cm
Brauner Filz, 16 x 16 cm
Roter Filz, 12 x 17 cm
Hautfarbener Filz, kleiner Rest
Grüner Stoff, 35 x 35 cm
Plüschrest, weiß
Borte oder Spitze, 23 cm

Filztüte

Auf dem Vorlagebogen finden Sie jeweils zwei Kreisausschnitte pro Tütengröße für den Zwerg in Größe I. Einen Kreisausschnitt übertragen Sie auf den Zeichenkarton, den anderen auf den braunen Filz (in der Vorlage entsprechend gekennzeichnet). Um das Ausschneiden zu vereinfachen, schneiden Sie den Filz in ganzen Linien aus. Die Einschnitte machen Sie erst später – sie ermöglichen ein faltenfreies Kleben der Kanten.
Bestreichen Sie den Zeichenkarton ganzflächig und dünn mit Bastelleim, die Klebelasche bleibt dabei noch frei. Legen Sie den Kreisausschnitt mit der Kleberseite jetzt so auf den Filz, daß die Klebelasche frei bleibt und an den übrigen Kanten ein gleichmäßiger Filzrand übersteht. Diesen überstehenden Filz schneiden Sie ein und kleben den Rand zur anderen Seite um.
Solange der Bastelleim noch nicht ganz trocken ist, ist der Zeichenkarton geschmeidiger und läßt sich gut zur Tüte formen. Damit dabei keine Knicke entstehen, ziehen Sie ihn über die Tischkante rund. Dazu fassen Sie den Kreisausschnitt mit beiden Händen und legen ihn auf einen Tisch. Ziehen Sie ihn mit der rechten

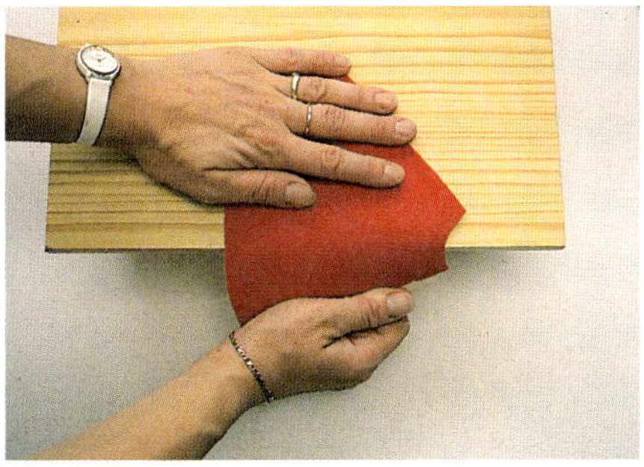

Hand vom Tisch herunter nach unten, während Sie mit der linken Hand den Kreisausschnitt auf die Tischplatte drücken. Jetzt kleben Sie den Kreisausschnitt an der Klebelasche zusammen.

Kopf

Die große Holzkugel mit 3 cm Durchmesser leimen Sie als Kopf auf den Rundholzstab. Falls die Bohrung der Holzkugel zu eng ist, spitzen Sie den Rundholzstab mit einem scharfen Messer etwas an.

Bemalung

Legen Sie sich Küchenkrepp, Pinsel, Wasserbecher, Farben, Bleistift und Deckel von Glaskonserven zum Mischen der Farben zurecht.
Der Naturton der Holzkugel kann als Hautfarbe belassen werden. Detaillierte Angaben zur Bemalung finden Sie auf Seite 9.
Mit dem Bleistift zeichnen Sie Augen und Mund vor.
Für die Augen malen Sie zunächst zwei Kreise als Iris in der Augenfarbe, hier Blau. Nach dem Trocknen der Farbe setzen Sie die schwarzen Pupillen darauf, die Sie

mit weißen Lichtpunkten beleben. Die geschwungenen Augenbrauen werden in Weiß gezogen.
Die Nase wird mit zwei kleinen Punkten in Rot oder Hellbraun angedeutet.
Den lächelnden Mund malen Sie rot. Ein weißer Schnauzbart ist das Tüpfelchen auf dem »i«.

Frisur und Bart

Für den Haarschopf benötigen Sie ein 1 x 1 cm großes Stück und für den Bart einen 3 x 0,5 cm langen Streifen weißen Plüsch. Kleben Sie das Haar direkt auf die Bohrung der Kugel. Der Bart wird im Bogen unter den Mund geklebt.

Kleidung

Zuschneiden:
1 x Körper/Grundschnitt I
(grüner Stoff mit 0,5 cm Nahtzugabe)
2 x Hände, Größe I (hautfarbener Filz)
1 x Mütze (roter Filz)

Nähen Sie zuerst das Kostüm. Legen Sie dazu die beiden Körperteile rechts auf rechts zusammen. Stecken Sie die Filzhände an den Markierungen zwischen die Körperteile, so daß die geraden Kanten beim Zusammensteppen mitgefaßt werden.

Die Filzhände liegen nun unsichtbar zwischen den Körperteilen. Schließen Sie die Naht mit der Nähmaschine, so daß Hals und Saumkante offen bleiben. Schneiden Sie die Nahtzugabe bis kurz vor die Naht ein, da sie sonst nach dem Wenden Falten ziehen würde.

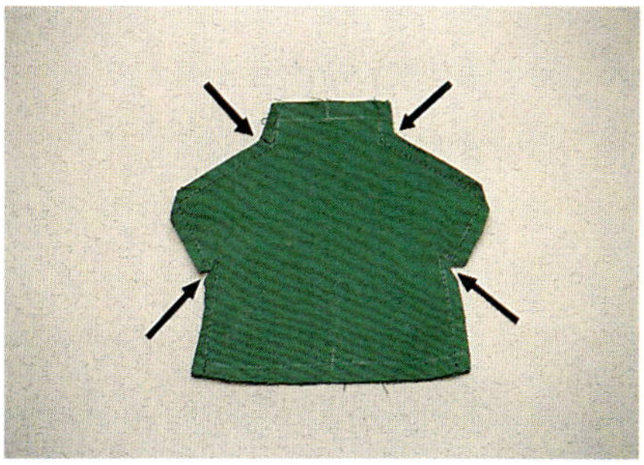

Nun versäubern Sie die Nähte mit Zickzackstich und ziehen am Hals einen Kräuselfaden ein. Die linke Stoffseite des Kittels vorerst außen lassen.
Das Mützenteil legen Sie an den Kanten A und B aufeinander und schließen es hier mit einer Naht. Dann wenden Sie die Mütze.

Fertigstellung

Den Führungsstab stecken Sie vom Saum des Gewandes her durch die Halsöffnung.

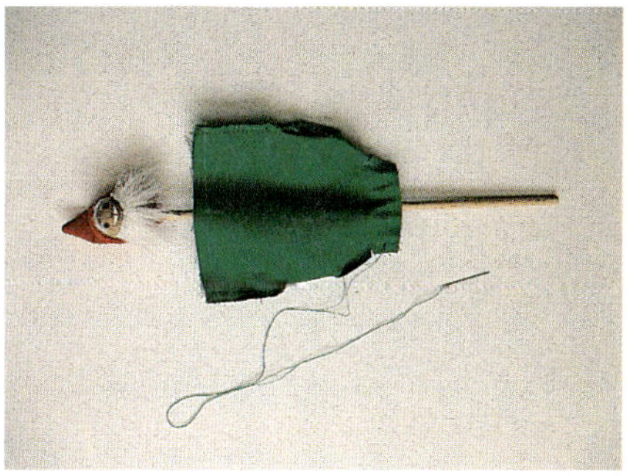

Der Kopf steckt jetzt nicht sichtbar im Gewand.

Ziehen Sie den Kräuselfaden zusammen und verknoten ihn gut. Die Fadenenden nicht kürzer als 1 cm vor dem Knoten abschneiden, damit dieser sich nicht lösen

kann. Schieben Sie die Kräuselstelle bis an die Kopfkugel und kleben sie mit Bastelleim fest. Lassen Sie den Leim einige Minuten trocknen. Wenden Sie nun das Kostüm auf rechts.
Die Filztüte schieben Sie von unten auf den Führungsstab. Kleben Sie den Saum des Kittels 0,5 cm von der Außenkante entfernt auf den Tütenrand.

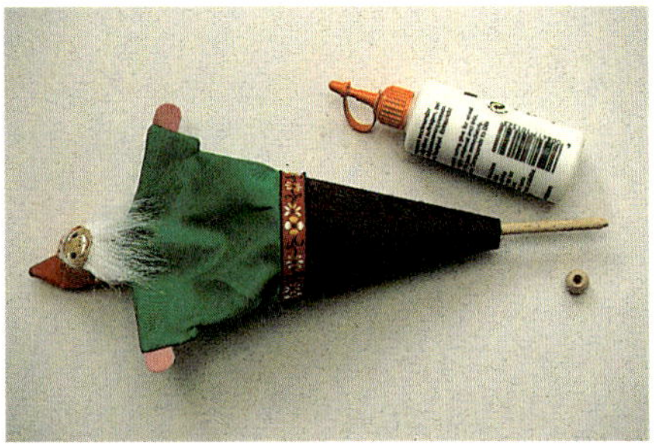

Mit der 22 cm langen Borte, die ebenfalls angeklebt wird, verdecken Sie diesen Ansatz.

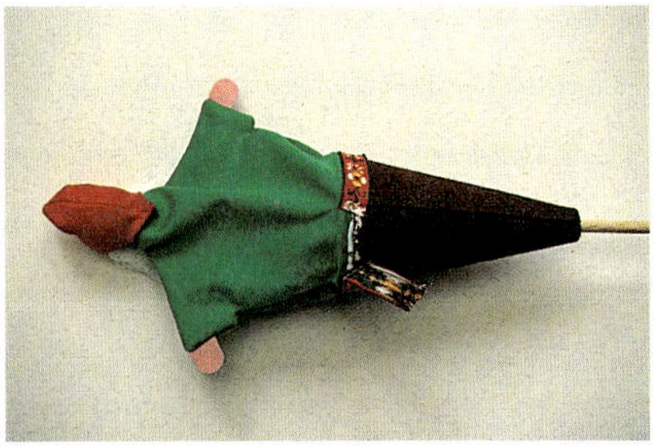

Als Abschluß kleben Sie die kleine Holzkugel an das untere Ende des vorher zugespitzten Führungsstabes.

Sie haben es geschafft: Zwerg Zipfel ist einsatzfähig! Aus den folgenden Varianten können Sie ihm noch eine Menge Tütenpuppen-Freunde basteln.

Der Kasperl

Material

Holzkugel, Ø 3 cm
Holzkugel, Ø 1,5 cm
Rundholzstab, Ø 0,6 cm, 30 cm lang
Zeichenkarton, 15 x 15 cm
Grüner Filz, 16 x 16 cm
Roter Filz oder Nickistoff, 11 x 12 cm
Hautfarbener Filz, kleiner Rest
Bunter Stoff, 35 x 15 cm
Gelber Wollrest
Kleines Glöckchen

Tüte

Sie wird in Größe I nach der Anleitung auf Seite 20 gebastelt.

Frisur und Mütze

Die Frisur des Kasperls entsteht aus gelber Wolle. Wickeln Sie die Wolle ein paarmal um zwei Finger Ihrer Hand. Schneiden Sie die gewickelte Wolle auf einer Seite auf und knoten sie in der Mitte mit einem Faden zusammen.
Kleben Sie den Haarschopf so auf, daß das Gesicht wie durch einen Pony eingerahmt wird.
Das Mützenteil schneiden Sie aus rotem Filz oder Nickistoff zu. Legen Sie die Kante A auf die Kante B und nähen Sie die Mütze entlang dieser Kante zusammen. Wenden und mit etwas Bastelleim auf dem Kopf festkleben. Zum Schluß nähen Sie mit der Hand an der Spitze der Zipfelmütze noch das Glöckchen an.

Kleidung

Lesen Sie bitte Seite 21.

Fertigstellung

Siehe Anleitung auf Seite 21/22.

Lena, das kleine Mädchen

Material

Holzkugel, Ø 3 cm
Holzkugel, Ø 1,5 cm
Rundholzstab, Ø 0,6 cm, 30 cm lang
Zeichenkarton, 15 x 15 cm
Roter Filz, 16 x 16 cm
Hautfarbener Filz
Bunter Stoff, 35 x 15 cm
Brauner Wollrest
Spitze, kleiner Rest

Tüte, Kopf und Kleidung

Die Anleitung finden Sie auf Seite 20/21. Basteln Sie nach Größe I. Frisur lesen Sie bitte Seite 26.

Halskrause

In die Spitze ziehen Sie einen Kräuselfaden ein, entweder von Hand oder mit der Nähmaschine. Legen Sie die Halskrause um den Hals der fertigen Figur, ziehen den Kräuselfaden zusammen und verknoten ihn fest. Danach vernähen Sie die Fadenenden.

TIP:

Sicher ist Ihnen beim Betrachten der Bilder aufgefallen, daß bei einigen Tütenpuppen keine Borte aufgeklebt ist. Um die Stabilität der Figuren zu erhöhen, habe ich hier zwei Tüten ineinander geklebt.
Die Innentüte ist aus Zeichenkarton und 0,5 cm kleiner als die Außentüte. Diese besteht aus Tonpapier, das mit Filz beklebt wird. Die Außentüte hat die Maße der Anleitungen in diesem Buch, also Größe I oder II.
Das Kostüm wird am Saum auf den Rand der Innentüte geklebt und diese ganzflächig mit Bastelleim eingestrichen. Nun wird die zweite Tüte darübergeklebt.

Tausendschön, die Prinzessin

Material

Holzkugel, Ø 4 cm
Holzkugel, Ø 1,5 cm
Rundholzstab, Ø 0,8 cm, 40 cm lang
Zeichenkarton, 21 x 21 cm
Hellblauer Filz, 22 x 22 cm
Hautfarbener Filz, kleiner Rest
Rosa Stoff, 35 x 16 cm
Gelber Langhaarplüsch, mindestens 14 x 35 cm
Goldborte 68 cm

Auch die Prinzessin wird nach der Anleitung auf Seite 20/21 gebastelt, allerdings nehmen Sie die Tüten-, Körper- und Handschnitte in Größe II.

Gesicht

Die größeren Holzkugeln können Sie für eine detailreichere Bemalung nutzen. Gehen Sie zunächst vor wie auf Seite 21 beschrieben. Malen Sie zwei Kreise mit der Augenfarbe Blau, dann die schwarze Pupille mit den weißen Glanzlichtern. Neu bei dieser Puppe: das Weiß des Augapfels, das vorsichtig links und rechts der Iris aufgetragen wird. Sie können genausogut zuerst den Augapfel weiß grundieren und dann die Iris hineinsetzen.
Ziehen Sie nun am »Oberlid« einen feinen braunen Lidstrich; die geschwungenen Brauen malen Sie mit dem gleichen Farbton.
Die Nase wird mit zwei kleinen Punkten in Rot oder Braun angedeutet; der Mund mit zartem Rot gemalt.

Frisur

Schneiden Sie den Plüsch nach der Vorlage auf dem Schnittbogen zu. Die gerade Kante des Zuschnitts ist die Haaransatzlinie rund um das Gesicht. Kleben Sie die Haare, im Nacken beginnend, rund um den Kopf fest.

Kleid

Zuschneiden:
2 x Körper/Größe II (rosa Stoff, mit 0,5 cm Nahtzugabe)
2 x Hände/Größe II (hautfarbener Filz)
30 cm Borte (Kleid)
8 cm Borte (Krone).

Vor dem Zusammennähen der Teile steppen Sie die Goldborte auf das Vorderteil. Nun können Sie sich nach der Anleitung auf Seite 21 richten.
Kleben Sie das kurze Bortenstück zum Ring zusammen. Als Krönchen aufkleben.

Fertigstellung

Auf Seite 21/22 lesen Sie, wie's weitergeht.

TIP: So basteln Sie lustige Holznasen

Wenn Sie mit der Bohrmaschine vertraut sind, können Sie Ihren Tütenpuppen auch Holznasen machen. Dafür eignen sich kleine Holzdübel oder -kugeln. Bohren Sie so in die Kopfkugel, daß Sie die Nase zu einem Drittel hineinstecken und festleimen können. Je nach Größe, Form und Ansatzstelle der »Dübelnase« betonen Sie die Puppentypen: Lassen Sie sie beim Kasperl frech zum Himmel schauen, beim Regenmann zeigt sie griesgrämig nach unten.

Krampus, der Teufel

Material

Holzkugel, Ø 4 cm
Holzkugel, Ø 1,5 cm
Rundholzstab, Ø 0,8 cm, 40 cm lang
Zeichenkarton, 21 x 21 cm
Schwarzer Filz, 22 x 22 cm
Schwarzer Filz, 3 x 6 cm (Hände)
Roter Stoff, 35 x 16 cm
Roter Filz oder Moosgummi, 3 x 4 cm
Schwarzer Plüsch, mindestens 13 x 3,5 cm
Borte, 30 cm

Tüte

Bitte schlagen Sie die Anleitung auf Seite 20 nach. Basteln Sie die Tüte und den Körper in Größe II. Beachten Sie das extra Schnitteil für die Teufelshände auf dem Bogen.

Bemalung, Haare und Hörner

Grundieren Sie die Kopfkugel rot. Malen Sie nun zwei weiße Kreise als Augäpfel, auf die Sie mit Schwarz die Iris und später mit Weiß kleine Lichtpunkte setzen.
Wie kleine Blitze sehen die Augenbrauen aus, die Sie – ebenso wie den Mund – schwarz malen.
Basteln Sie die Haare nach der Anleitung auf Seite 24. Schneiden Sie aus rotem Filz oder Moosgummi zwei kleine Hörner aus, die Vorlage finden Sie auf dem Schnittbogen. Streichen Sie die Plüschhaare mit den Fingern auseinander, damit Sie die Hörner direkt auf das Untergewebe kleben können.
Jetzt machen Sie weiter wie auf Seite 21 erklärt.

Xenia, das Sternenkind

Material

Holzkugel, Ø 3 cm
Holzkugel, Ø 1,5 cm
Rundholzstab, Ø 0,6 cm, 30 cm lang
Zeichenkarton, 15 x 15 cm
Gelber Filz, 16 x 16 cm
Hautfarbener Filz, kleiner Rest
Heller Stoff, 35 x 15 cm
Gelber Wollrest
Gelbes Moosgummi, 9 x 9 cm

Tüte

Basteln Sie die Tüte in Größe I nach der Grundanleitung auf Seite 20.

Kopf und Frisur

Malen Sie den Kopf wie auf Seite 9 beschrieben, jedoch ohne Schnurrbart und mit braunen Augenbrauen. Wickeln Sie nun die gelbe Wolle einige Male um Ihre Handfläche. Auf einer Seite aufschneiden und in der Mitte mit einem weiteren Wollfaden eng zusammenknoten.
Den Haarschopf kleben Sie mit Bastelleim auf. Achten Sie darauf, daß auch der Hinterkopf ganz mit Haaren bedeckt ist.

Kleidung

Die Kleidung nähen Sie nach der Beschreibung auf Seite 21.

Fertigstellung

Den ersten Teil der Fertigstellung können Sie ebenfalls der Beschreibung auf Seite 21/22 entnehmen.
Den Stern schneiden Sie nun aus gelbem Moosgummi ohne Zugabe zu (Vorlage siehe Schnittbogen). Setzen Sie ihn auf Xenias Haare und kleben ihn mit Sekundenkleber am Kreisausschnitt etwas fest. Wenn Sie mögen, können Sie noch ein paar kleine Sterne ausschneiden und das Kleid damit verzieren.

Karl, der Koch

Material

Holzkugel, Ø 4 cm
Holzkugel, Ø 1,5 cm
Rundholzstab, Ø 0,8 cm, 40 cm lang
Zeichenkarton, 21 x 21 cm
Schwarz-weiß karierter Stoff, 22 x 22 cm
Hautfarbener Filz
Weißer Stoff, 35 x 25 cm
Roter Stoff, 15 x 6,5 cm
Brauner Fell- oder Plüschrest
Borte in Schwarz oder Weiß, 30 cm

Tüte

Basteln Sie wieder in Größe II nach der Anleitung auf Seite 20.

Bemalung und Frisur

Gestalten Sie den Kopf wie auf Seite 21 bzw. 24 beschrieben. Malen Sie die Augen in Braun sowie buschige Brauen. Teilen Sie nun den Fellrest in ein 1 x 1 cm und ein 7 x 1 cm großes Stück. Kleben Sie den kleinen Abschnitt als lustigen Schopf auf die Kopfbohrung; den Streifen kleben Sie um den Hinterkopf herum, sozusagen von Ohr zu Ohr.

Kochmütze

Schneiden Sie aus weißem Stoff einen 6 x 14 cm breiten Streifen und einen Kreis mit 9 cm Durchmesser (keine Vorlagen). Legen Sie die beiden längeren Kanten des Stoffstreifens aufeinander, so daß er 3 x 14 cm mißt und steppen die beiden kurzen Kanten zum Ring zusammen: Der Mützenrand ist fertig.

Für das Mützenoberteil ziehen Sie in das kreisförmige Stück einen Reihfaden, etwa 0,5 cm vom Rand entfernt. Auf die Weite des Mützenrings einkräuseln.
Jetzt nähen Sie das Oberteil rechts auf rechts an die offene Kante des Mützenrandes. Auf rechts wenden und auf den Puppenkopf kleben.

Fertigstellung

Auf Seite 21/22 steht, wie's gemacht wird. Das Halstuch – ein Dreieck mit den Seitenmaßen 15 x 10 x 10 cm – schneiden Sie aus dem roten Stoff zu. Hier leistet eine Zackenschere gute Dienste, da sie das Ausfransen des Stoffes weitgehend verhindert. Knoten Sie dem Koch sein Halstuch um – fertig ist die Puppe!

Pitsch, der Regenmann

Material

Holzei, Höhe 3,5 cm
Holzkugel, Ø 1,5 cm
Holzperle, Ø 0,6 cm
Rundholzstab, Ø 0,6 cm, 45 cm lang
Zeichenkarton, 21 x 21 cm
Blauer Filz, 22 x 22 cm
Blauer Filzrest (Hände)
Blauer Stoff, 35 x 16 cm
Blauer Wollrest
Blaues Moosgummi, Rest

Tüte, Kostüm und Bemalung

... basteln Sie wieder in Größe II nach den Anleitungen auf den Seiten 20/21/24.

Kopf

Achtung: Bei Pitsch wird der Holzei-Kopf nicht an das Ende des Führungsstabes geklebt!
Schieben Sie statt dessen den Führungsstab durch das Holzei hindurch, so daß 3 cm des Stabes herausragen. Leimen Sie den Kopf an dieser Stelle an den Stab.

Frisur und Schirm

Wickeln Sie die blaue Wolle ein paarmal um Ihre Handfläche. Schneiden Sie die gewickelte Wolle an einer Seite auf. Mit einem Wollfaden knoten Sie die Fäden in der Mitte zusammen. Setzen Sie den so entstandenen Haarschopf hinter dem Stab auf den Kopf auf. Einige Fäden legen Sie als Pony um den Stab herum und kürzen diesen. Bestreichen Sie den Hinterkopf mit Bastelleim und kleben die Haare gut verteilt am Kopf fest. Die Ponyhaare werden ebenfalls mit Bastelleim fixiert.
Schneiden Sie die Form für den Schirm ohne Zugabe aus blauem Moosgummi aus. Mit Sekundenkleber kleben Sie die Kanten der Einschnitte gegeneinander.
Spitzen Sie den Führungsstab am oberen Ende mit dem Messer an. In den Mittelpunkt des Schirmes stechen Sie mit einer spitzen Schere ein kleines Loch vor. Stecken Sie den Schirm auf die Spitze des Führungsstabes und die kleine Holzperle als Abschluß obendrauf. Beides fixieren Sie mit Sekundenkleber.

Verschwindibus, der Zauberer

Material

Holzkugel, Ø 4 cm
Holzkugel, Ø 1,5 cm
Rundholzstab, Ø 0,8 cm, 40 cm lang
Zeichenkarton, 21 x 21 cm
Glänzender Stoff, 22 x 22 cm
Hautfarbener Filzrest
Blauer Glanzstoff, 35 x 16 cm
Schwarzer Fellrest, 15 x 1 cm
Pappe und Stoff für den Hut, je 11 x 14 cm
Zahnstocher

Tüte und Kopfbemalung

Siehe Anleitungen auf Seite 9 und 20 (aber Größe II).

Zauberhut und Haare

Schneiden Sie nach der Vorlage ein Dreieck aus, und zwar einmal aus Zeichenkarton und einmal aus Stoff mit 0,5 cm Nahtzugabe. Streichen Sie den Karton gleichmäßig mit Leim ein und legen ihn auf den Stoff, der glatt auf der Arbeitsfläche liegt. Kleben Sie die Stoffränder zur anderen Seite um. Jetzt legen Sie die Markierungen A auf B und leimen das Dreieck zur Spitztüte zusammen; dabei kleben sie ein kleines Plüsch-Haarbüschel in die Spitze. Hut auf den Puppenkopf kleben. Schneiden Sie aus dem Fellrest einen 1 cm breiten und 15 cm langen Streifen, der an den Enden schmal ausläuft. Kleben Sie ihn – an der Stirn beginnend – um den Spitzhut herum auf den Kopf.

Fertigstellung

Anleitung siehe Seite 21/22. Der Clou: Ein schwarz bemalter Zahnstocher wird zum Zauberstab.

Missfit, die Blitzhexe

Material

Holzkugel, Ø 4 cm
Holzkugel, Ø 1,5 cm
Rundholzstab, Ø 0,8 cm, 40 cm lang
Zeichenkarton, 21 x 21 cm
Gelber Filz, 22 x 22 cm
Gelber Filzrest (Hände, Blitze)
Blauer Stoff, 35 x 16 cm
Gelber Plüschrest
Gelber Moosgummi, Rest

Tüte, Bemalung, Frisur, Kostüm

Die Anleitungen finden Sie auf den Seiten 20/21/24. Kürzen Sie eventuell das Plüschhaar nach dem Aufkleben, so daß es strubbelig absteht. Die Blitze für das Kostüm schneiden Sie aus gelbem Filz und kleben sie auf das Vorderteil.

Blitze

Schneiden Sie aus gelbem Moosgummi oder Filz drei Blitze (siehe Vorlage Bogen A) und kleben Sie diese auf ein 1 x 1 cm großes Quadrat aus dem gleichen Material. Schneiden Sie einige Plüschhaare am Hinterkopf bis auf das Gewebe zurück, bevor Sie die Blitze mit Sekundenkleber dort fixieren.

Fertigstellung

Siehe Seite 21/22.

Sanna, die Wolkenfrau

Material

Holzkugel, Ø 4 cm
Holzkugel, Ø 1,5 cm
Rundholzstab, Ø 0,8 cm, 40 cm lang
Zeichenkarton, 21 x 21 cm
Hellblauer Filz, 22 x 22 cm
Hellblauer Filzrest (Hände)
Hellblauer Stoff, 35 x 16 cm
Hellblauer Stoff mit Struktur, 19 x 17 cm
Hautfarbener Filzrest
Weißer Plüschrest

Tüte, Bemalung und Frisur

Siehe Anleitungen auf Seite 20/21/24.

Kostüm

Zuschneiden:
2 x Körperteil 3, gegengleich (blauer Stoff, 0,5 cm Nahtzugabe)
2 x Wolke (Strukturstoff, Vorlage auf Bogen A)
2 x Hände/Größe 2 (hautfarbener Filz).

Zuerst applizieren Sie die Wolken: Nähen Sie die obere Wolkenkante mit kleinstem Zickzackstich auf die Körperteile. Dann legen Sie Vorder- und Rückenteil aufeinander und legen die Filzhände an den Markierungen dazwischen: Wenn Sie nun die Seitennähte zusammensteppen, fassen Sie die geraden Handkanten gleich mit. Naht versäubern. Halsöffnung und Saumkante bleiben offen.

Fertigstellung

Wie's weitergeht, lesen Sie auf den Seiten 21/22.

Sidra, das Negermädchen

Material

Holzkugel, Ø 4 cm
Holzkugel, Ø 1,5 cm
Rundholzstab, Ø 0,8 cm, 40 cm lang
Zeichenkarton, 21 x 21 cm
Brauner Filz oder Stoff, 22 x 22 cm
Brauner Filz oder Stoff, Rest (Ohren, Hände)
Brauner Stoff, 35 x 16 cm
Schwarzer Plüschrest
Fransenborte, 37 cm (Gardinenfachgeschäft)
2 goldene Ösen (Bastelhandel)

Tüte und Kostüm

Siehe Anleitung auf Seite 21.

Bemalung

Grundieren Sie den Kopf mit dem dicken Pinsel in Braun und malen die Augen wie auf Seite 25 beschrieben. Die Augenbrauen werden – wie die beiden kleinen Nasenpunkte – schwarz aufgetragen. Setzen Sie mit Rot einen nicht zu schmalen Mund auf, den Sie mit einer weißen Linie teilen.

Frisur und Ohren

Schneiden Sie aus dem schwarzen Plüsch ein 1 x 1 cm großes Stück zurecht. Kleben Sie es als Haarschopf in die Bohrung der Kopfkugel.
Aus dem braunen Filz schneiden Sie nach Vorlage zwei Ohren aus. Kleben Sie je ein Ohr rechts und links an den Kopf. Biegen Sie die Schmuckösen etwas auf und kneifen sie jeweils an einem Ohr fest.
An der Rückseite sichern Sie die Ösen mit einem Tropfen Bastelleim.

Fertigstellung

Siehe Anleitung auf Seite 21/22.
Die verbleibenden 7 cm Borte kleben Sie um den Hals der fertigen Figur.

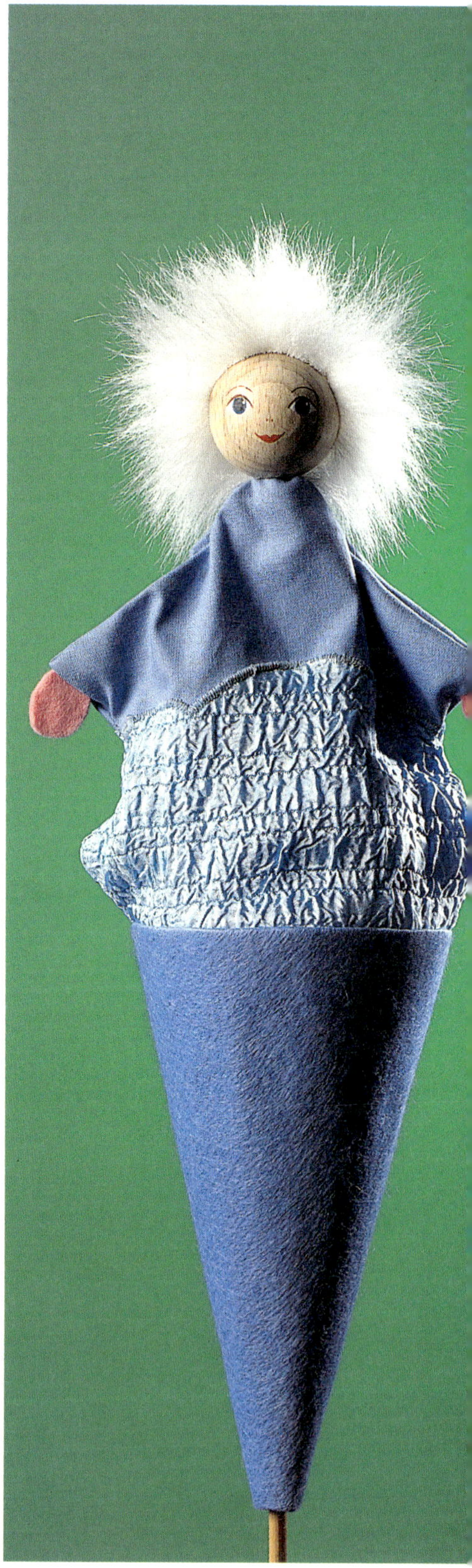

Handpuppen

Dieses Kapitel bietet Grundanleitungen für drei verschiedene Basteltechniken: die Puppen mit aufgenähter Nase (Typ 1), solche mit Gesichts-Mittelnaht (Typ 2) und die Tiere (Typ 3). Dazu gibt's natürlich wieder eine Menge Variationen. Im wesentlichen brauchen Sie für alle Figuren die gleichen Materialien und Werkzeuge.

Material und Werkzeug

Übersicht Material

Trikotstoff, feste Qualität, für Kopf und Hände
Stoffe in verschiedenen Farben für die Kleidung
Filz in verschiedenen Farben für Hüte, Mützen, Kragen
Nähgarn in verschiedenen Farben
Abbindegarn oder Zwirn für den Kopf
Schafwolle oder Synthetikwatte zum Ausstopfen
Wolle in verschiedenen Farben für die Frisur Typ I
Baumwollschrägband für die Frisur Typ I
Plüsch für die Frisur Typ II
Stoffmalfarben, verschiedene Farben, für das Gesicht
Wachsmalstift, rot, als Wangenrouge
Tieraugen aus Glas, Ø 8 mm, für Puppentyp II

Stoffe

Puppen-Trikotstoff gibt es in verschiedenen Qualitäten und Farben als Schlauchware im Bastelgeschäft. Für die Handpuppen nehmen Sie die festere Qualität, die sich nicht so stark dehnt (zum Beispiel Glorex), damit die Köpfe beim Ausstopfen in Form bleiben. Die Kleidung nähen Sie vorzugsweise aus Baumwollstoffen.
Die Tiere werden aus flauschigen Wollstoffen oder Fellimitat genäht. Beides gibt es in den Stoffabteilungen der Kaufhäuser oder Restetruhen. Der robuste, kaum dehnbare Wollstoff wird unter der Bezeichnung »Wollflausch« geführt. Sie können alle Figuren mit der Hand bei ca. 30/40°C waschen.

Füllstoffe

Zum Ausstopfen der Puppen nehmen Sie am besten Schafwolle oder Synthetikwatte (Bastelgeschäft). Kosmetikwatte ist ungeeignet, da sie schnell verklumpt.

Nähgarne

Verwenden Sie reißfestes Synthetikgarn in den passenden Farben.
Für einige Näharbeiten an Trikotstoffen benötigen Sie noch hautfarbenen Zwirn oder Abbindegarn. Beides erhalten Sie im Bastelbedarf.

Farben

Viele Gesichter der Puppentypen 1 und 2 sind mit Stoffmalfarben gestaltet, die nicht extra fixiert werden müssen. Die besten Erfahrungen habe ich mit den speziellen Farben für Trikotpuppen von Glorex oder Meinesz gemacht (Bastelbedarf). Sie sind in natürlichen Farbtönen vorgemischt und decken gut. Für die hier vorgestellten Puppen brauchen Sie Schwarz, Weiß, Rot, Braun und je nach Augenfarbe Grün oder Blau.

Augen

Während beim Puppentyp 1 die Augen gemalt werden, haben die Puppen des Typs 2 Glasaugen. Wählen Sie Augen mit einem Durchmesser von 8 mm, die einen Stiel zum Annähen haben. Sie erhalten diese Tieraugen aus Glas im Bastelgeschäft. Einige Tierfiguren haben Knopfaugen. Am besten eignen sich Knöpfe ohne Löcher und Stiel, die auf der Rückseite ein Loch in einer Mulde haben. Sie liegen nach dem Annähen schön flach auf dem Stoff.

Plüsch- und Wollreste

Fell und Frisuren lassen sich aus Wolle bis Nadelstärke 4, Plüsch oder Fellresten formen. Sind Ihre Puppen für kleine Kinder gedacht, verwenden Sie bitte nur Baumwollgarne ohne Mohair. Langhaarplüsch müssen Sie nach dem Nähen gut ausbürsten, um die Fusseln zu entfernen.

Für den Puppentyp I benötigen Sie Baumwoll-Schrägband aus dem Schneiderbedarf. Die Farbe muß nicht unbedingt zur Wolle passen, da das Schrägband unsichtbar verarbeitet wird.

Kleber

Für die wenigen Klebearbeiten nehmen Sie einfachen Bastelleim, der weißlich-transparent auftrocknet, beispielsweise Wiccoll universal von Greven oder Uhu coll.
Das meiste finden Sie sicher im Haushalt. Um beim Nähen des Trikots mit der Nähmaschine keine Maschen zu beschädigen, ist es sinnvoll, hierfür eine Jerseynadel zu verwenden.

Eine lange **Puppennadel** erhalten Sie im Bastelbedarf. Sie wird für die Augen der Handpuppen benötigt.
Kaufen Sie sich einen hochwertigen **Pinsel** mit feiner, fester Spitze. Wenn Sie auch sonst gern malen, lohnt sich ein teurer Rotmarderpinsel; ein Aquarellpinsel aus Naturhaaren und Synthetik tut's auch.

Übersicht Werkzeug

Nähmaschine mit Jerseynadel
Nähnadeln
Stecknadeln mit Glaskopf (siehe Hinweis auf Seite 19)
Schneiderschere
Zackenschere
Haushaltsschere
Zentimetermaß
Schnittpapier
Weicher Bleistift
Pinsel Größe 2
Wasserbecher
Küchenkrepp
Schraubglas-Deckel
Lange Puppennadel (im Bastelgeschäft)
Lochzange (nicht unbedingt erforderlich)

Typ 1
mit aufgenähter Nase

Pedro, der Pirat

Material

Hautfarbener Trikotstoff, 12 x 33 cm
Rot-weiß gestreifter Stoff, 14 x 40 cm
Schwarzer Stoff, 12 x 30 cm
Schwarzer Filz, 18 x 18 cm
Weißer Filz, 10 x 21 cm
Braune Wolle
Dünne schwarze Kordel, 14 cm
Braunes oder schwarzes Schrägband, 30 cm

Kopf und Hände

Schneiden Sie aus dem Trikot ein Stück von 12 cm Höhe und 20 cm Breite zu; achten Sie auf den senkrechten Maschenverlauf. Legen Sie den Abschnitt rechts auf rechts zu einer Breite von 10 cm zusammen und schließen ihn mit einer doppelten Naht zu einem Schlauch: Nun haben Sie den Kopf-Rohling.
Für die Hände legen Sie den restlichen Trikot rechts auf rechts. Beachten Sie wieder den senkrechten Maschenverlauf. Übertragen Sie den Grundschnitt für die Hand (Bogen A) zweimal mit weichem Bleistift auf den Stoff. Nähen Sie mit enggestelltem Maschinenstich die Handteile direkt auf der Linie zusammen und lassen die gerade Kante dabei offen. Die Hände mit knapper Nahtzugabe ausschneiden.
Zwischen Daumen und Hand die Nahtzugabe bis kurz vor die Naht einschneiden, Hände wenden. Der restliche Trikot wird später für die Nase gebraucht.
Nehmen Sie nun den Trikotschlauch für den Kopf wieder zur Hand. Reihen Sie eine offene Kante des Kopfteils 0,5 cm vom Rand mit einem Zwirnsfaden ein, ziehen ihn fest zusammen und vernähen ihn gut.

Wenden Sie nun das Kopfteil, so daß die rechte Trikotseite außen ist und stopfen es mit Schafwolle oder Synthetikwatte fest aus. Reihen Sie die noch offene Kante ebenfalls mit Zwirnsfaden ein und ziehen den Faden nur soweit zusammen, daß Ihr Zeigefinger in der Öffnung Platz hat. Stopfen Sie den Kopf nochmals gut nach; in der Mitte des Halses muß dabei ein Hohlraum für den Finger freibleiben. Die Grundform des Kopfes ist fertig.

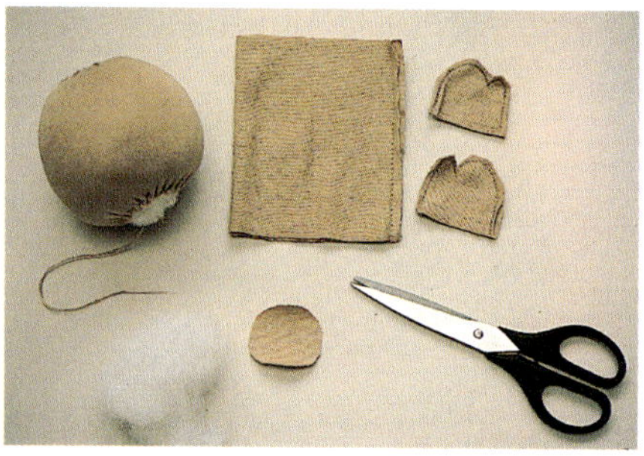

Haare

Die Frisur wird aus brauner Wolle gestaltet. Schneiden Sie einen 26 x 5,5 cm langen Pappstreifen zurecht. Wickeln Sie nun die braune Wolle so lange um den Streifen, bis er ganz bedeckt ist. Schneiden Sie die aufgewickelte Wolle an einer Seite auf und nähen Sie den 26 cm langen Schrägstreifen (Kopfumfang noch einmal nachmessen) in der Mitte der Fäden mit der Nähmaschine auf. Für das Foto habe ich die Naht in Kontrastfarben genäht.

Piratenhut

Jetzt nähen Sie den Hut. Schneiden Sie das Hutteil zweimal aus schwarzem Filz ohne Zugabe aus. Legen Sie beide Teile aufeinander und steppen sie knappkantig entlang der geschwungenen Kante zusammen. Dieser Hut wird nicht gewendet, die Naht bleibt also sichtbar.

Fertigstellen des Kopfes

Nehmen Sie Puppenkopf, Haare und Hut zur Hand. Falten Sie das Schrägband mit den Wollhaaren der Länge nach, so daß die Wollfäden doppelt liegen. Mit Stecknadeln stecken Sie den **Haarkranz** um den Kopf. Beginnen Sie im Nacken, etwa 2 cm über dem Hals, und führen den Haarkranz so über die Kräuselstelle, daß die Falten zum Gesicht hin verdeckt sind. Prüfen Sie, ob der Hut das Schrägband überall bedeckt. Nähen Sie den Haarkranz durch das Schrägband hindurch am Kopf fest.

Bevor der Hut aufgenäht wird, werden die Punkte für **Augen und Mundwinkel** mit Zwirnsfaden etwas eingezogen und das Gesicht bemalt. Als Hilfsmittel stecken Sie mit Stecknadeln zunächst ein gleichschenkliges Dreieck auf der Gesichtsfläche ab: Die Eckpunkte markieren Augen und Mund. Für die Mundwinkel stecken Sie zwei weitere Nadeln ein, etwa 1 cm neben und 0,5 cm oberhalb der Stecknadel für den Mund.

Mit Puppennadel und Zwirnsfaden werden jetzt Augen und Mundwinkel modelliert. Es ist wichtig, daß Sie jeweils beide Augen und Mundwinkel mit nur einem Faden einziehen, damit Sie den Sitz gleichmäßig regulieren können. Bemessen Sie den Faden also lang genug und gehen Sie folgendermaßen vor:

1. Die Nadel am Hinterkopf einstechen und so führen, daß Sie genau die erste Stecknadel für die Augen treffen.

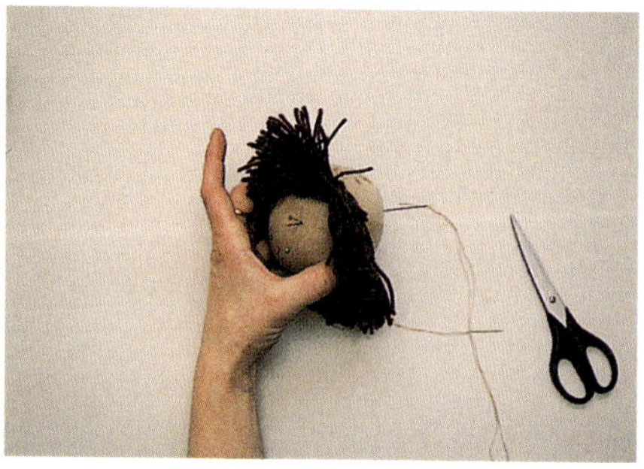

2. 2 Maschen neben der Stecknadel wieder zurück zum Hinterkopf stechen.
3. Am Hinterkopf neben dem Ausgangspunkt erneut einstechen und den Vorgang für das zweite Auge wiederholen.
4. Wieder am Hinterkopf angekommen, ziehen Sie Anfang und Ende des Fadens etwas stramm und verknoten sie gut.

Die Augen sollten etwas tiefer im Kopf liegen, jedoch nicht mehr als 0,5 cm, da sonst das Malen der Augen erschwert wird. Die Mundwinkel formen Sie jetzt genauso. Stecknadeln entfernen.

Für die **Nase** schneiden Sie aus einem Trikotrest einen Kreis mit 3,5 cm Durchmesser aus. Knapp am Rand mit Zwirn oder doppeltem Nähgarn einkräuseln. Ziehen Sie den Faden etwas an, stopfen die Nase fest mit Watte aus und ziehen dann den Faden ganz zusammen. Nähen Sie nun die Nase im Mittelpunkt des Augen-Mund-Dreiecks gut fest. Achten Sie darauf, daß der Maschenverlauf – wie beim Gesicht – senkrecht verläuft.

Bemalung

Jetzt brauchen Sie Bleistift, Wasserbecher, Küchenkrepp, Farben, Pinsel, Schraubdeckel zum Farbenmischen und den Kopf-Rohling.

TIP:

Wenn Sie einen alten Kugelschreiber auseinanderschrauben, erhalten Sie gute Augenstempel unterschiedlicher Größe. Auf den Rand etwas Farbe auftragen, auf den Trikotstoff drücken und den Kreis ausmalen.
Bevor Sie beginnen, sollten Sie auf einem Trikotrest das Malen üben, um sich mit diesem Untergrund vertraut zu machen.

Beginnen Sie nun mit den **Augen**. Malen Sie zwei Kreise für die Iris flächig mit der braunen Augenfarbe aus. Nehmen Sie immer nur wenig Farbe mit der Pinselspitze auf.

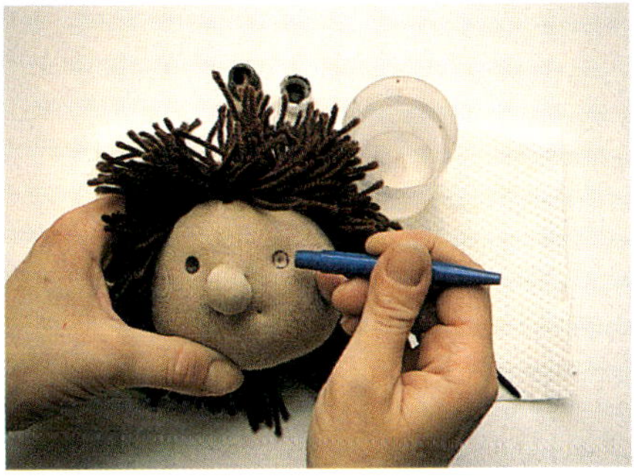

In der Mitte der Iris malen Sie mit Schwarz die Pupille.
Mischen Sie Weiß mit etwas Braun und malen einige feine Strahlen in die Iris. Mit reinem Weiß setzen Sie kleine Lichtpunkte in die Pupillen.
Malen Sie nun den oberen und unteren Lidrand als feine braune Linie.
Das Augenweiß ist ein gebrochenes Weiß mit ganz wenig Schwarz.

Die **Augenbrauen** werden in leicht geschwungenem Bogen gemalt, hier in Braun. Beachten Sie die Form der Augenbrauen, denn sie bestimmen den Gesichtsausdruck.
Den **Mund** malen Sie in klarem Rot. Seine Form sollte neutral bleiben, damit den Figuren alle Ausdrucks- und Spielmöglichkeiten erhalten bleiben.

Das **Rouge** tragen Sie mit roter Wachsmalkreide auf. Wickeln Sie dafür einen Trikotrest um den Finger, reiben mit dem Stift darüber und geben damit den Wangen und der Nase mit leicht kreisenden Bewegungen vorsichtig etwas Frische.
Ein paar lustige **Sommersprossen oder Bartstoppeln** – in hellem Braun gemalt – stehen dem Piraten gut. Dafür tupfen Sie einen Hauch Farbe mit der Pinselspitze auf.

Augenklappe

Aus schwarzem Filz schneiden Sie die Augenklappe zweimal zu.
Die 14 cm lange, schwarze Kordel legen Sie schräg verlaufend über ein Auge und nähen die Enden unter den Haaren verdeckt fest. In Augenhöhe kleben Sie die Augenklappenteile von hinten und vorne auf die Kordel.

Kostüm

Zuschneiden:
2 x Grundschnitt oberes Körperteil (Bogen A) mit 0,5 cm Nahtzugabe (gestreifter Stoff)
2 x Grundschnitt unteres Körperteil (Bogen A) mit 0,5 cm Nahtzugabe, schwarzer Stoff
2 x Kragen (Bogen A) aus weißem Filz.

Legen Sie die Oberkörperteile rechts auf rechts zusammen und schließen die Nähte, dabei bleiben die Öffnungen für die Puppenhände offen. Nähte versäubern.
Nun legen Sie die Unterkörperteile rechts auf rechts zusammen und schließen die Seitennähte. Nähen Sie Ober- und Unterkörper rechts auf rechts zusammen.
Naht versäubern. Den unteren Rand des Kostüms säumen.
Ziehen Sie das ganze Gewand auf links und legen die Trikothände in die Ärmelöffnungen. Achtung: Die Daumen müssen zur Schulternaht zeigen! Nähen Sie nun die Trikothände ein. Kostüm auf rechts wenden. Für den **Kragen** legen Sie beide Kragenteile aufeinander und steppen sie rundherum knappkantig zusammen. Der Kragen wird nicht gewendet, so daß die Naht sichtbar bleibt.

Zusammensetzen der Puppe

Greifen Sie mit der Hand von unten in das Kostüm und setzen den Kopf bis zur Markierung auf den Hals. Schlagen Sie den Trikot am Kopf bis an den Reihfaden nach innen ein und nähen ihn von Hand mit doppeltem Faden mit Matratzenstichen fest. Stecken Sie den Hut mit Stecknadeln auf dem Haarkranz fest und nähen ihn ringsherum an. Das Schrägband wird dabei verdeckt. Den Kragen um den Hals legen und die schmalen Kanten mit der Hand zusammennähen.
Pedro ist für seinen ersten Auftritt bereit. Die folgenden Varianten werden grundsätzlich genauso gebastelt.

Anton, der Clown

Material

Hautfarbener Trikot, 12 x 33 cm
Karierter Stoff, 24 x 38 cm
Schwarzer Filz, 20 x 26 cm
Weißer Filz, 9 x 15 cm
Rote Wolle
Schrägband, 17 cm
Samt- oder Satinbändchen, 20 cm
3 kleine schwarze Knöpfe

Kopf, Hände und Haare

... basteln Sie nach der Grundanleitung auf Seite 33/34.
Antons roter Haarstreifen ist etwa 17 cm lang und wird zu einem stirnfreien Haarkranz gesteckt. Prüfen Sie, ob der Hut das Schrägband abdeckt, bevor Sie den Haarkranz aufnähen.

Hut

Schneiden Sie die drei Schnitteile von Bogen A ohne Nahtzugabe aus schwarzem Filz aus. Hutteil 2 zum Ring schließen und an Kante A links auf links (diese Naht bleibt sichtbar!) an Teil 1 annähen. Nun Kante B von Teil 2 rechts auf rechts an die innere Kante von Teil 3 nähen, dabei Teil 3 etwas einhalten. Den Hut in der Naht zu Teil 3 auf dem Schrägband annähen.

Nase

Die Nase schneiden Sie aus einem Trikotrest als Kreis mit 4 cm Durchmesser aus. Färben Sie den Kreis mit roter Stoffmalfarbe ganz ein. Nase am Rand rundherum einkräuseln, ausstopfen und in der Mitte des Augen-Mund-Dreiecks annähen (siehe Beschreibung auf Seite 34).

Bemalung

Zunächst malen Sie die Iris mit der Pupille wie auf Seite 35 beschrieben. Das Clownweiß um Augen und Mund malen Sie in reinem Weiß. Dabei müssen Sie sich nicht streng an meine Vorlage halten: Alle Clowns schminken sich etwas anders! Genausogut können Sie die Weißschminke mit einer feinen schwarzen Linie in Schwarz oder Rot umranden.
Den Mund malen Sie mit Rot auf die Weißschminke. Der Clown darf ruhig herzhaft lachen.

Nepomuk, der Wassermann

Kostüm

Zuschneiden:

2 x Grundschnitt Körperteil (Bogen A) mit 0,5 cm Nahtzugabe (karierter Stoff)

1 x Latz (Bogen A) aus weißem Filz.

Steppen Sie den Latz knappkantig auf das Vorderteil. Die Ecken nicht festnähen. Nun folgen Sie wieder der Beschreibung auf Seite 35.

Material

Hautfarbener Trikot, 12 x 24 cm
Blau-grüner Stoff, 24 x 48 cm (Kostüm) + 9 x 13 cm (Fransen)
Blauer Filz, 19 x 24 cm
Mintfarbene Wolle
Schrägband, 30 cm

Kopf

Der Kopf wird nach der Anleitung auf Seite 33 – 35 geformt und bemalt.

Frisur

Die Haare basteln Sie wie auf Seite 34 beschrieben, allerdings sind Nepomuks Haare vorne kürzer als hinten. Entnehmen Sie Schnittbogen A die Vorlagen für den Pappstreifen.

Die Fischkappe nähen Sie aus blauem Filz. Schneiden Sie die Vorlage von Bogen A zweimal ohne Nahtzugabe aus. Legen Sie dann beide Teile deckungsgleich zusammen und nähen die Mittelnaht. Nun steppen Sie einige Ziernähte auf die große Flosse.

Kostüm

Zuschneiden:

2 x Grundschnitt Wassermann-Körper (Bogen A) mit 0,5 cm Nahtzugabe (grüner Stoff)

11 x Fransen (Bogen A) aus blau-grünem Stoff, mit der Zackenschere ohne Zugabe schneiden.

Nähen Sie zuerst die Fransen auf das Vorderteil, für die Plazierung finden Sie Hilfslinien auf dem Schnitt. Übertragen Sie diese auf das Vorderteil und nähen von unten nach oben erst vier, dann nochmals vier und am Hals drei Stofffransen auf. Legen Sie die Körperteile rechts auf rechts. Achten Sie darauf, daß keine Fransen in die Seitennähte geraten. Nähen Sie dann das Kostüm ringsherum zusammen, die Saumkante bleibt dabei offen. Naht versäubern und untere Kante umsäumen. Wie's weitergeht, lesen Sie auf Seite 35.

Der Seppl

Material

Hautfarbener Trikot, 12 x 33 cm
Rot-weiß karierter Stoff, 13 x 38 cm
Brauner Stoff, 13 x 32 cm
Brauner Filz, 17 x 10 cm
Grüner Filz, 12 x 22 cm
Rote Kordel, 35 cm
Gelbe Wolle
Schrägband, 30 cm
4 Knöpfe

Kopf und Hände

... basteln und bemalen Sie nach der Anleitung auf Seite 33 – 35.

Frisur und Hut

Für die Frisur benötigen Sie einen Pappstreifen von 26 cm Länge und 3 cm Breite (siehe Schablone auf Bogen A), um den Sie die gelbe Wolle wickeln. Dann geht's weiter wie auf Seite 34 beschrieben.
Der Hut entsteht aus einem Halbkreis (Vorlagebogen A). Übertragen Sie den Schnitt auf den grünen Filz, schneiden Sie ohne Nahtzugabe zu und legen den Filz an der gestrichelten Linie im Bruch doppelt. Schließen Sie die gerade Kante mit einer Naht und wenden den Hut.
Stecken Sie den Haarkranz mit Stecknadeln zur Probe um den Kopf und probieren den Hut auf (siehe Seite 34). Das Schrägband muß überall vom Hut verdeckt werden. Nähen Sie dann den Haarkranz am Schrägband auf den Kopf. Setzen Sie der Puppe den Hut auf und nähen ihn 1 cm vom Rand entfernt am Schrägband fest. Fassen Sie die rote Kordel beim Annähen gleich mit.

Kleidung

Zuschneiden:

2 x Grundschnitt Oberkörper (Bogen A bis Trennlinie 1) mit 0,5 cm Nahtzugabe, karierter Stoff

2 x Grundschnitt Unterkörper (Bogen A) mit 0,5 cm Nahtzugabe, brauner Stoff
1 x Hosenträger (Bogen A), ohne Zugabe, brauner Filz.

Legen Sie anschließend die Hosenträger auf die fertige Kleidung und nähen die Träger an der Trennlinie der Stoffe mit den Knöpfen fest.

Fertigstellung

Siehe Seite 35.

Die Gretel

Material

Hautfarbener Trikot, 12 x 33 cm
Geblümter Stoff, 25 x 38 cm
Rot-weiß gestreifter Stoff, 14 x 35 cm
Gelbe Wolle
Schrägband, 20 cm
1 Knopf
Spitze, 50 cm

Kopf und Hände

… basteln und bemalen Sie nach der Grundanleitung auf Seite 33/34. Gretels Nase ist jedoch etwas kleiner: Verwenden Sie einen Kreis mit einem Durchmesser von 3 cm.

Frisur

Da die Frisur den ganzen Kopf bedeckt, werden die Punkte für die Augen und den Mund eingezogen, bevor die Frisur angenäht wird (siehe Seite 34).
Für die Ponyhaare die Wolle auf die Wickelschablone vom Seppl (siehe Bogen A) etwa 8 cm breit aufwickeln. Die Deckhaare wickeln Sie um einen 11 cm langen und 19 cm breiten Pappstreifen, so daß sich eine Haarlänge von 19 cm ab Scheitel ergibt. Wickeln Sie die Wolle für das Deckhaar recht dicht, da die Wollhaare später nicht doppelt gelegt werden.

Nähen Sie das Schrägband wie auf Seite 34 beschrieben auf die Wollhaare. Sie benötigen 8 cm Schrägband für den Pony und 11 cm Schrägband für das Deckhaar. Falten Sie das Schrägband der Ponyhaare doppelt und stecken Sie es mit Stecknadeln auf den Kopf.
Der Schrägstreifen der Deckhaare wird nicht gefaltet. Er bildet den Scheitel vom Pony zum Nacken.

Nähen Sie erst den Pony am Schrägband fest und dann das Deckhaar am Scheitel auf den Kopf.

Nähen Sie einige Wollhaare auf dem Schrägband des Ponys fest, damit dieses gut bedeckt ist.

In Höhe der gedachten Ohren flechten Sie rechts und links einen Zopf und binden am Ende je eine Schleife ein. Damit die Frisur in Form bleibt, nähen Sie die Zopfansätze mit einigen Stichen am Kopf fest.

Kleid

Zuschneiden:

2 x Grundschnitt Körper (Bogen A) mit 0,5 cm Nahtzugabe, geblümter Stoff
1 x Schürze, gestreifter Stoff: keine Vorlage; bitte einen 23 cm langen und 14 cm breiten Streifen ohne Zugabe zuschneiden
4 x Träger, gestreifter Stoff: keine Vorlage; bitte jeweils 9 x 3 cm breite Streifen ohne Zugabe zuschneiden.

Versäubern Sie die Streifen für die Träger, die 1,5 cm breit werden.
Das Schürzenteil versäubern und säumen Sie an beiden Schmalseiten und einer Längsseite, die Spitze können Sie dabei gleich mitfassen.
Die zweite Längsseite kräuseln Sie bis auf 12 cm ein. Stecken Sie nun das Schürzenteil ungefähr 1 cm unterhalb der Ärmel auf das Vorderteil. Legen Sie zwei Träger auf das Vorderteil und schieben je ein Ende zwischen Schürze und Kleid. Nähen Sie nun das Schürzenteil auf das Vorderteil.
Legen Sie Vorder- und Rückenteil rechts auf rechts, die vorderen und rückwärtigen Träger werden dabei in der Schulternaht mitgefaßt. Nähte schließen und versäubern, dabei Saumkante und Ärmelöffnungen offenlassen. Säumen und Hände in die Ärmelöffnungen nähen.
Rückwärtige Träger an den losen Enden versäubern und mit einem Knopf am Rückenteil festnähen.

Fertigstellung

Siehe Seite 35.

Fizzli Putz, der Zwerg

Material

Hautfarbener Trikot, 12 x 33 cm
Unifarbener Stoff, 24 x 38 cm
Gemusterter Stoff, 16 x 16 cm
Roter Nickistoff, 27 x 25 cm
Weiße Wolle
Weißes Schrägband, 40 cm

Kopf und Hände, Bemalung

Siehe Anleitung auf Seite 33 – 35.

Frisur und Mütze

Wickeln Sie die weiße Wolle um einen 3 cm breiten und 26 cm langen Pappstreifen. Der Bart wird auf einen 6,5 cm breiten und 10 cm langen Pappstreifen gewickelt. Nachdem Sie die Wolle aufgeschnitten und die Schrägstreifen aufgenäht haben (siehe Seite 34), stecken Sie den Haarkranz mit Stecknadeln an den Kopf. Der Bart wird in leichtem Bogen unter dem Mund herum festgesteckt. Die Wollhaare zeigen dabei zur Nase, das Schrägband zum Hals. Den Bart nähen Sie durch das Schrägband hindurch fest. Bevor Sie den Haarkranz festnähen, nähen Sie vorher die Mütze (Vorlage Bogen A).

Zipfelmütze

Schneiden Sie das Mützchen einmal mit Nahtzugabe aus rotem Nicki aus. Legen Sie die Kanten A und B rechts auf rechts zusammen und schließen die Naht. Die Zipfelmütze wenden. In die Spitze machen Sie einen dicken Knoten.
Probieren Sie nun, ob die Mütze das Schrägband des Haarkranzes abdeckt. Nähen Sie den Haarkranz am Kopf fest. Dann schlagen Sie die Nahtzugabe am vorderen Mützenrand nach innen ein und nähen die Mütze auf das Schrägband, so daß es nicht mehr zu sehen ist.

Kostüm

Zuschneiden:
2 x Grundschnitt Körper (Bogen A) mit 0,5 cm Nahtzugabe, Uni-Stoff
1 x Schürze (Bogen A) ohne Nahtzugabe, gemusterter Stoff.

Applizieren Sie das Schürzenteil ringsherum mit dichtem Zickzackstich auf das Vorderteil. Danach gehen Sie entsprechend der Beschreibung auf Seite 35 vor.

TIP:

Sie können auch den Bart weglassen, dann haben Sie einen niedlichen Zwergenjungen.

Typ 2 mit Gesichts-Mittelnaht

Diese Puppen unterscheiden sich in der Herstellung des Kopfes von den Handpuppen des Typs 1: Die Nase wird nicht aufgenäht, sondern ist bereits im Kopfschnitt enthalten. Dieser zeigt, wie Sie auf dem Schnittbogen B sehen, den halben Kopf im Profil. Beim Zusammennähen ergibt sich eine Naht, die senkrecht durch die Gesichtsmitte läuft.

Nehmen Sie grundsätzlich die gleichen Utensilien wie für Typ 1, die Sie auf Seite 32 nachlesen können.

Zusätzlich brauchen Sie lediglich **Glasaugen** zum Annähen mit einem Durchmesser von 0,8 cm, die Sie im Bastelgeschäft erhalten. Besorgen Sie sich außerdem eine **Flachzange**, um die Metallösen der Augen zusammenzubiegen.

Otto Wichtig, der Polizist

Nach der folgenden Anleitung basteln Sie auch die Varianten dieses Typs. Wieder sind in den einzelnen Materiallisten nur die besonderen Stoffe und Accessoires aufgeführt. Welche Zutaten Sie für alle Puppen brauchen, lesen Sie auf Seite 32.

Material

Hautfarbener Trikot, 15 x 30 cm
Grüner Stoff, 30 x 50 cm
Weißer Filzrest
Brauner Plüsch, 6 x 13 cm
Schwarzer Lederrest
5 goldene Knöpfe
2 braune Glasaugen, Ø 8 mm

Kopf und Hände

Beginnen Sie immer mit Kopf und Händen. Legen Sie dazu den Trikotstoff im Maschenlauf rechts auf rechts doppelt. Übertragen Sie das Kopfteil A (Bogen B) einmal und die Handform (Bogen B) zweimal mit weichem Bleistift auf den Trikotstoff. Lassen Sie zwischen den Teilen 1 cm Platz für die Nahtzugabe.
Steppen Sie alle Teile mit der Nähmaschine in kleiner Stichweite genau auf den Bleistiftlinien. Die Halsöffnung und die geraden Handkanten bleiben dabei offen. Das Kopfteil umnähen Sie ein zweites Mal dicht neben der ersten Naht, da sie durch das Ausstopfen stark beansprucht wird. Schneiden Sie Kopf und Hände mit etwa 0,5 cm Nahtzugabe aus. Zwischen Nase und Kinn schneiden Sie die Nahtzugabe bis kurz vor die Naht ein. Wenden Sie nun alle Teile auf rechts.
Jetzt können Sie mit dem Ausstopfen des Kopfes beginnen. Zuerst kommen Nase und Kinn dran. Bestreichen Sie die Watte eventuell mit etwas Bastelleim. Der Kopf muß sehr fest gestopft werden, damit er seine Form behält. Um die Wangen zu modellieren, schieben Sie nochmals zwei

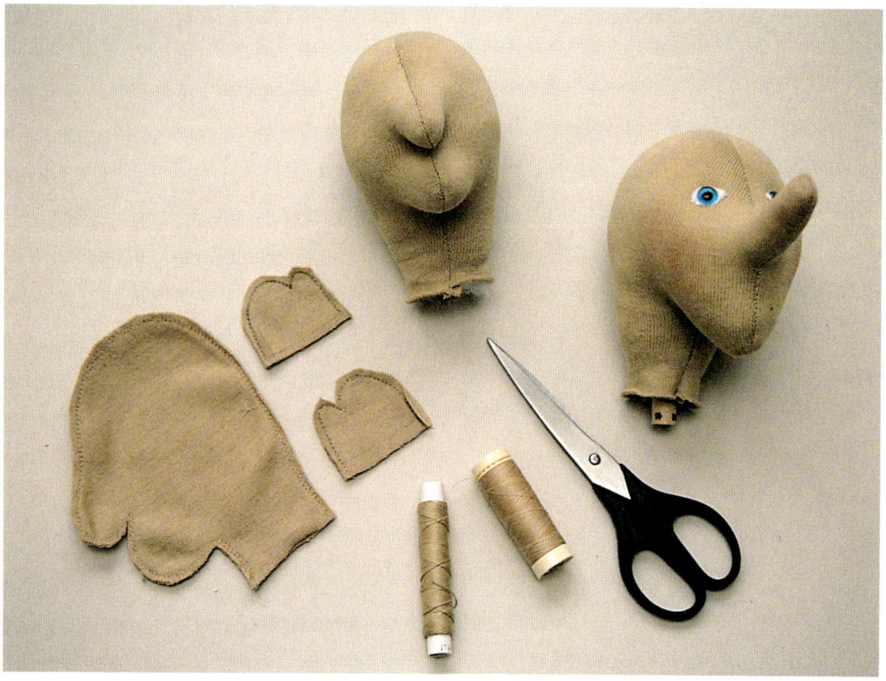

gleich große Wattebäusche nach. In der Halsmitte muß ein Hohlraum für Ihren Finger bleiben; stecken Sie vorerst einen dicken Stift oder eine leere Garnrolle hinein.
Der Kopfrohling ist jetzt fest gestopft und geformt. Nun können Sie die Lage der Augen bestimmen:

Augen

Schneiden Sie nach der Vorlage (Bogen B) zwei Augäpfel aus weißem Filz aus. Probehalber stecken Sie das Weiß der Augen mit Stecknadeln auf den Kopfrohling, bis Ihnen die Position gefällt. Kleben Sie die Augenstücke mit etwas Bastelleim auf.

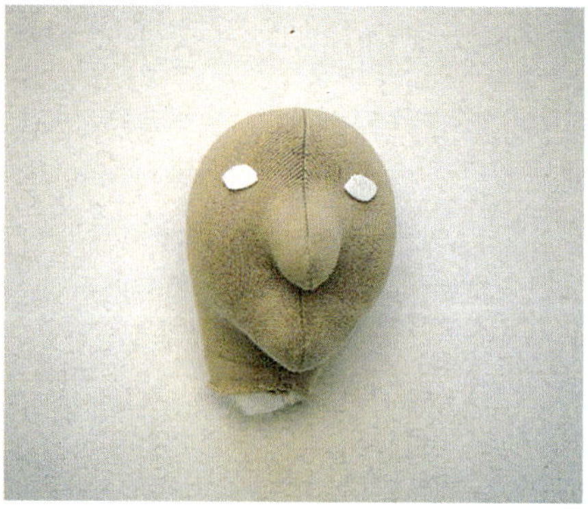

Mit Puppennadel und Zwirnsfaden werden nun die Glasaugen aufgenäht. Es ist wichtig, daß Sie beide Augen mit nur einem einzigen Faden annähen, damit Sie beim Strammziehen beide Augen gleichmäßig regulieren können. Bemessen Sie den Faden also lang genug und gehen Sie ähnlich wie bei Typ I (Seite 34) vor:

1. Nadel am Hinterkopf einstechen und so führen, daß sie in der Mitte des ersten Augenweißes herauskommt.
2. Das Glasauge auffädeln, die Öse mit der Flachzange etwas zusammendrücken.

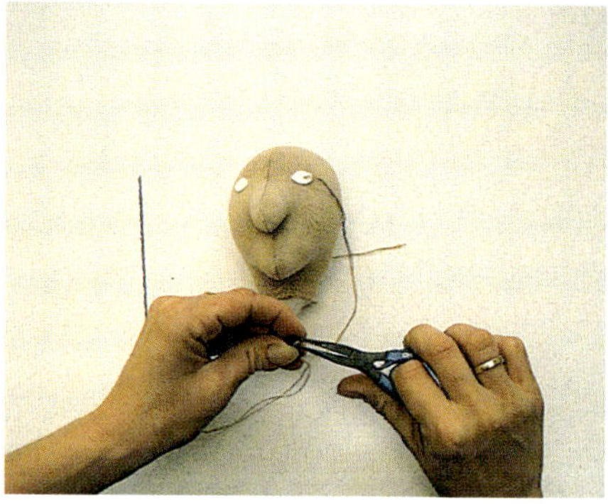

3. Die Nadel an der Austrittsstelle des Fadens wieder einstechen und diese durch Hin- und Herbewegen der Nadel etwas weiten.
4. Nadel innen durch den Kopf zum Hinterkopf zurückführen.
5. Hier neben dem Ausgangspunkt erneut einstechen. Das zweite Auge wird genauso angenäht.
6. Wieder am Hinterkopf angekommen, ziehen Sie Anfang und Ende des Fadens stramm, so daß die Augen leicht in den Kopf hineingezogen werden. Verknoten Sie nun die Fadenenden.

Nase

Sie können die Nase unverändert lassen oder sie mit einigen Stichen in hautfarbenem Garn etwas nachmodellieren:
Zuerst formen Sie die Nasenflügel. Dazu stechen Sie die Nadel an der Nasenunterseite in die Kopfmittelnaht ein und kommen links seitlich der Mittelnaht wieder heraus, etwa 1 cm über und 2 cm daneben.

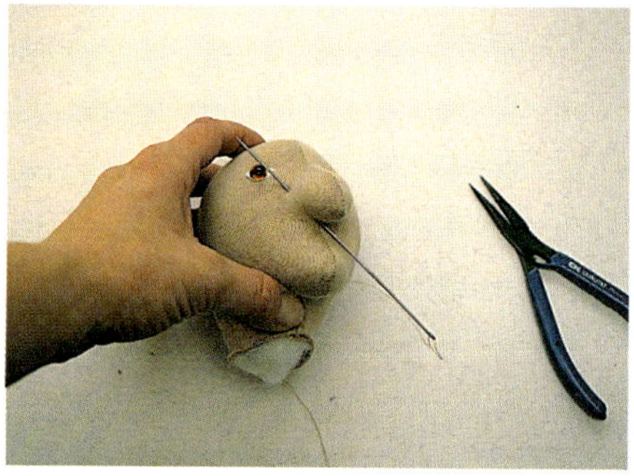

Der Faden liegt jetzt auf dem Trikotstoff. Stechen Sie die Nadel an der Nasenunterseite unter der Mittelnaht durch.

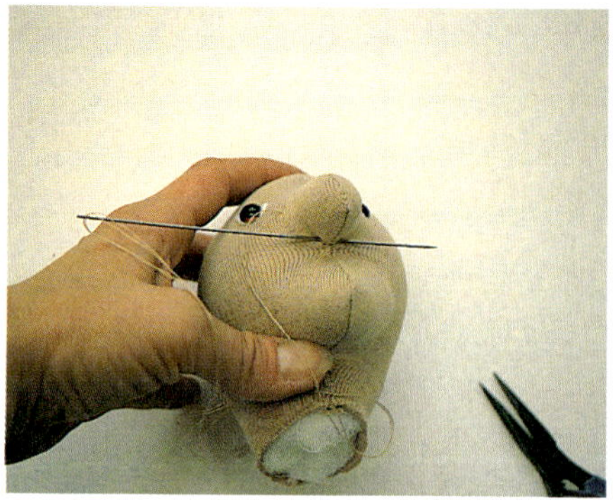

Führen Sie den Faden über den Trikot und stechen Sie die Nadel rechts, seitlich der Nase, etwa 1 cm über und 2 cm neben der Mittelnaht zur linken Seite durch.

Die Nadel soll dort etwa 1 cm höher und 1 cm näher zur Mittelnaht wieder herauskommen: Fertig sind die Nasenflügel.
Um den Nasenrücken zu betonen, stechen Sie etwa 0,5 cm höher mit der Nadel zur gegenüberliegenden Seite ein.

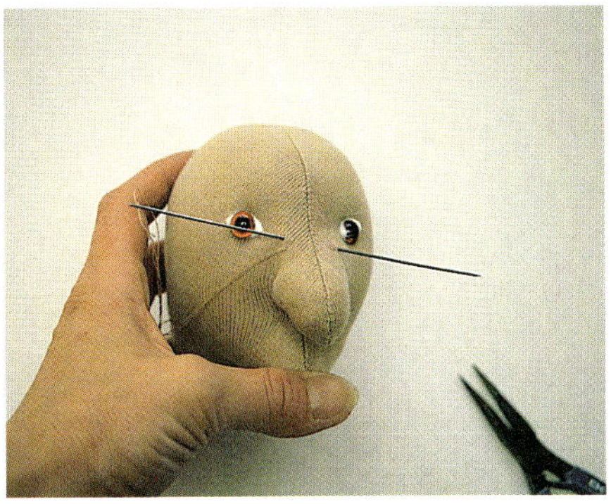

So machen Sie etwa drei bis vier weitere Stiche, bis der Nasenrücken durch Strammziehen des Fadens deutlich hervortritt.

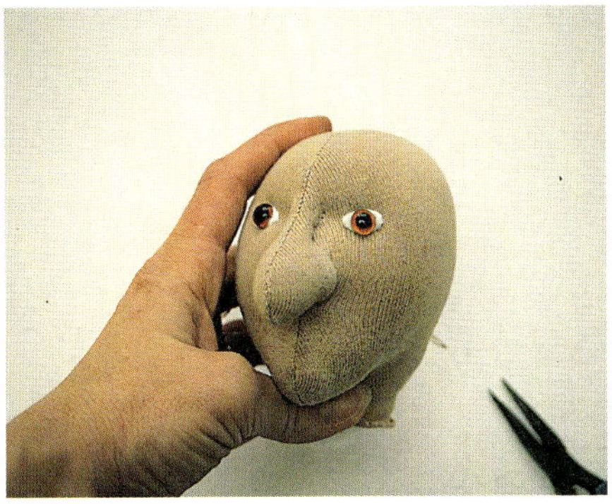

Bemalung

Malen Sie mit wenig brauner Stoffmalfarbe und feinem Pinsel über dem Augenweiß einen braunen Lidstrich.
Den roten Mund malen Sie in einem leicht geschwungenen Bogen. Achten Sie darauf, daß zur Nase hin etwa 1 cm Platz für den Schnurrbart bleibt.
Das Rouge tragen Sie auf, indem Sie einen Trikotrest um den Finger wickeln, mit roter Wachsmalkreide darüberreiben und Nase und Wangen in leicht kreisenden Bewegungen einfärben.

Augenbrauen und Schnurrbart

Aus braunem Plüsch formen Sie die Augenbrauen und den Schnurrbart. Übertragen Sie die Vorlage (Bogen B) je zweimal auf das Gewebe des Plüsches (dabei jeweils einmal seitenverkehrt); beachten Sie dabei die Strichrichtung des Stoffs. Schneiden Sie die Teile ohne Nahtzugabe aus. Kleben Sie den Schnurrbart unter die Nase, so daß die Spitzen nach außen zeigen.
Die Augenbrauen kleben Sie etwa 0,5 cm oberhalb der Augen auf; auch hier zeigen die Spitzen nach außen. Brauen- und Schnurrbarthaare etwas kürzen, denn der Polizist ist ja ein ordentlicher Kerl.
Genausogut können Sie die Augenbrauen mit braunen oder schwarzen Linien aufmalen.
Bevor Sie mit der Frisur beginnen, nähen Sie die Mütze.

Mütze

Zuschneiden:
1 x Kreis A I, grüner Stoff
1 x Ring A II, grüner Stoff
1 x Mützenrand B, grüner Stoff
1 x Mützenschirm C, schwarzes Leder.

Alle Schnittvorlagen finden Sie auf Bogen B, bitte jeweils mit 0,5 cm Nahtzugabe zuschneiden.
Nähen Sie die beiden Kreise A I und A II rechts auf rechts zusammen, auf rechts wenden.
Schließen Sie Teil B zu einem Ring. Nähen Sie eine offene Seite des Ringes rechts auf rechts an den Innenausschnitt von Teil A II. Säumen Sie die offene Seite von Teil B. Legen Sie nun den Mützenschirm (Teil C) gegenüber der rückwärtigen Mittelnaht unter den Saum und steppen ihn von der rechten Stoffseite des Teils B fest.

Uniform

Zuschneiden:
2 x Grundschnitt Körper (Bogen B)
mit 0,5 cm Nahtzugabe, grüner Stoff
1 x Kragen (Bogen B), weißer Filz.

Körperteile rechts auf rechts legen und zusammennähen. Lassen Sie dabei Armöffnungen und Saumkante offen.
Versäubern Sie alle Nähte mit Zickzackstich. Schieben Sie die Trikothände in die Armöffnung (rechts auf rechts) und nähen sie mit einem kleinen Nähmaschinenfuß oder von Hand ein. Achtung: Der Daumen muß zur Schulternaht zeigen!
Wenden Sie den Körper und säumen die untere Kante. Nähen Sie nun je einen Knopf auf die Schultern und zwei Knöpfe als Knopfleiste auf. Ein Knopf ziert die Mütze.

Frisur

Schneiden Sie einen 12,5 cm langen und 6 cm breiten Streifen aus braunem Plüsch aus. Die Strichrichtung des Plüsches verläuft parallel zur 6 cm breiten Kante. Stecken Sie den Plüschstreifen als stirnfreien Haarkranz um den Puppenkopf und prüfen Sie, ob die Mütze den Haaransatz ganz abdeckt. Kleben Sie dann den Haarkranz mit Bastelleim am Kopf fest. Bis der Kleber getrocknet ist, fixieren Sie die Frisur mit einigen Stecknadeln. Diese Nadeln können Sie für andere Näharbeiten nicht mehr benutzen, da immer etwas Klebstoff haften bleibt.

Fertigstellung

Setzen Sie die Mütze auf und nähen sie ringsherum an. Verbinden Sie Kopf und Körper wie bei Typ I auf Seite 35 beschrieben.
Zum Schluß Kragen um den Puppenhals legen und an den Schmalkanten mit Handstichen zusammennähen.

Winnibald, der König

Material

Hautfarbener Trikot, 15 x 30 cm
Roter Stoff, 24 x 38 cm
Goldfarbener Stoff, 26 x 23 cm
Weißer Plüsch, 5 x 20 cm
Weißer Filzrest
2 braune Glasaugen, Ø 8 mm
Goldborte, 24 cm
2 goldene Knöpfe

Kopf und Hände

... basteln Sie wieder nach der Anleitung auf Seite 43 (Kopfteil A auf Bogen B). Die Bemalung beschränkt sich auf einen feinen braunen Lidstrich über dem Augenweiß, den Mund und etwas Rouge (Anleitung Seite 45).

Augenbrauen, Bart und Haare

Augenbrauen und Bart werden aus weißem Plüsch geschnitten. Die Vorlage für die Augenbrauen finden Sie auf Bogen B. Übertragen Sie den Schnitt zweimal auf die Plüschrückseite, einmal davon seitenverkehrt.
Die Augenbrauen werden etwa 0,5 cm oberhalb der Augen aufgeklebt und etwas gekürzt. Für den Bart schneiden Sie einen 15 cm langen und 1 cm breiten Streifen aus Plüsch aus, wobei die Strichrichtung parallel zur Schmalkante verläuft. Kleben Sie den Bart in einer leicht geschwungenen Linie auf Kinn und Wangen.
Ein Plüschstreifen von 15 cm Breite und 5 cm Länge ergibt den Haarkranz (Strichrichtung siehe oben). Kleben Sie ihn um den Hinterkopf herum so auf, daß in der Mitte eine Glatze entsteht.
Die Goldborte stecken Sie, am Hinterkopf beginnend, entlang des Haaransatzes und über der Stirn als Krone mit Stecknadeln fest und nähen sie dann mit Handstichen fest. Anfang und Ende der Goldkante verkleben Sie, damit sie nicht aufribbelt.

Gewand

Zuschneiden:
2 x Grundschnitt Körper (Bogen B), 0,5 cm Nahtzugabe, roter Stoff
1 x Umhang aus Goldstoff (keine Vorlage); bitte einen Streifen von 26 x 23 cm zuschneiden.

Nähanleitung siehe Seite 45.
Den Goldstoff versäubern Sie zunächst rundherum mit Zickzackstich. Bis auf eine Schmalseite säumen Sie alle Kanten. An der ungesäumten Schmalseite schlagen Sie den Stoff 4 cm nach links um und ziehen einen Reihfaden ein. Kräuseln Sie den Umhang auf 10 cm ein.

Fertigstellung

Nachdem Sie den Kopf wie auf Seite 35 beschrieben auf den Körper genäht haben, nähen Sie den Umhang in Höhe des Kräuselfadens an den Schultern fest.

Arabella, die Prinzessin

Material

Hautfarbener Trikot, 15 x 30 cm
Blauer Stoff, 24 x 38 cm
Weißer Tüll, 14 x 25 cm
Gelber Plüsch, 12 x 16 cm
Weißer Filzrest
2 blaue Glasaugen, Ø 8 mm
Goldborte, 21 cm (Krone) + 28 cm (Gewand)
Goldperlenband, 12 cm (Bastelbedarf)
1 Goldknopf

Kopf und Hände

Der Kopf der Prinzessin wird nach Kopfteil D (Bogen B) zugeschnitten. Schlagen Sie nun Seite 43/44 auf. Verarbeiten Sie die Nase mit kleineren Stichen, da sie zierlicher ist.

Bemalung

Malen Sie einen zarten braunen Lidstrich um das Augenweiß. Die Augenbrauen sind als dünne, geschwungene Linien in Braun gemalt. Der Mund lächelt freundlich in Rot.

Frisur

Für die Mittelscheitelfrisur übertragen Sie die Vorlage von Bogen B zweimal auf das Gewebe des gelben Plüsches, einmal davon seitenverkehrt. Schneiden Sie den Plüsch ohne Nahtzugabe zu. Legen Sie die beiden Teile so zusammen, daß die Haare innen liegen, und schließen Sie die Scheitelnaht. Wenden Sie die Perücke und setzen sie der Puppe auf. Eventuell die Seiten etwas zurückschneiden. Perücke auf den Kopf kleben.
In den Schleiertüll ziehen Sie an einer Breitseite, etwa 0,5 cm vom Rand entfernt, einen Kräuselfaden ein. Ziehen Sie den Faden etwas zusammen und stecken den Schleier in Augenbrauenhöhe rund um den Kopf. Die Goldborte stecken Sie, am Hinterkopf beginnend, über den Kräuselfaden des Schleiers als Krone auf. Nähen Sie nun beides zusammen auf den Haaren fest. Bitte stechen Sie dabei bis ins Gewebe. Ein Tropfen Kleber auf den Endstücken der Goldborte verhindert das Ausfransen.

Kleid

Zuschneiden:
2 x Grundschnitt Körper (Bogen B) mit 0,5 cm Nahtzugabe, blauer Stoff.

Wie Sie das Kleid nähen, lesen Sie auf Seite 45. Steppen Sie das Goldband auf den fertigen Rocksaum, zum Schluß den Zierknopf annähen.

Fertigstellung

Siehe Seite 35. Legen Sie der Puppe das Goldperlenband um den Hals und binden es jeweils hinter einer Perle mit Nähgarn zusammen.

Stiebitz, der Räuber

Material

Hautfarbener Trikot, 15 x 30 cm
Braun karierter Stoff, 24 x 28 cm
Rot-weiß karierter Stoff, 8 x 28 cm
Schwarzer Filz, 12 x 32 cm
Weißer Filzrest
Brauner Lederrest, 30 x 12 cm
Schwarzer Plüsch, 3 x 35 cm
2 braune Glasaugen, Ø 8 mm
1 Lederband

Kopf und Hände

Basteln Sie Kopf (Grundschnitt A auf Bogen B) und Hände nach der Grundanleitung auf Seite 43.
Bemalung: Umranden Sie das Augenweiß ganz mit einer feinen schwarzen Linie, das gibt dem Räuber einen verwegenen Ausdruck. Die Augenbrauen werden mit schwarzer Farbe buschig gestrichelt. Den Mund brauchen Sie nicht zu malen, da er unter dem Schnurrbart nicht zu sehen ist. Rouge tragen Sie auf wie auf Seite 35 beschrieben.
Schneiden Sie den Schnurrbart nach der Vorlage (Bogen B) aus schwarzem Plüsch aus. Achten Sie auf die Strichrichtung. Kleben Sie ihn direkt unterhalb der Nase an.

Hut

Für den Hut entnehmen Sie die Vorlage dem Schnittbogen und übertragen sie mit Kugelschreiber auf das Leder. Schneiden Sie das Teil ohne Zugabe aus, dabei den Kugelschreiberstrich wegschneiden.
Legen Sie das Hutteil im Bruch links auf links doppelt und stanzen mit der Lochzange entsprechend den Schnittmarkierungen Löcher ins Leder. Sie können sie auch mit einer spitzen Schere hineinbohren. Ziehen Sie nun das Lederband kreuzweise in die Löcher ein und verknoten die Enden.
An der kleineren Öffnung schlagen Sie das Leder etwas nach innen und kleben es mit Uhu zusammen. Die Hutkante wird als Krempe hochgeschlagen.

Kostüm

Zuschneiden:
2 x Grundschnitt Körper (Bogen B) mit 0,5 cm Nahtzugabe, brauner Stoff
2 x Weste Vorderteil, schwarzer Filz
2 x Weste Rückenteil (Bogen B), schwarzer Filz
1 x Halstuch (Bogen B), karierter Stoff.

Legen Sie die Westenteile auf Rücken- und Vorderteil des Körpers und fixieren sie mit Stecknadeln. Körperteile rechts auf rechts zusammenlegen, Nähte schließen und versäubern. Damit haben Sie die Westenteile in der Schulter- und den Seitennähten mitgefaßt. Die Armöffnungen und Saumkante bleiben offen.
Machen Sie jetzt nach der Anleitung auf Seite 45 weiter. Zum Schluß säumen Sie das Stoffdreieck für das Halstuch.

Fertigstellung

Für die Haare schneiden Sie einen 30 cm langen und 3 cm breiten Streifen aus schwarzem Plüsch, dessen Strichrichtung parallel zur 3 cm breiten Kante verläuft. Nun machen Sie weiter wie auf Seite 35 und 45 beschrieben. Binden Sie dem Räuber das Halstuch um und nähen es vorn mit ein paar Handstichen fest.

Zilli Zick-Zack, die Hexe

Material

Hautfarbener Trikot, 15 x 30 cm
Schwarzer Stoff, 24 x 38 cm
Lila Tüll, 55 x 10 cm
Geblümter Stoff, 28 x 8 cm
Grauer Plüsch, 1 x 24 cm
Anthrazitgrauer Filz oder Wollstoff, 18 x 38 cm
Weißer Filzrest
2 grüne Glas-Katzenaugen, Ø 8 mm

Kopf und Hände

Schneiden Sie den Trikot nach Kopfteil C zu (Bogen B), nähen Sie Kopf und Hände wie auf Seite 43 erklärt. Die Nase wird nicht durch Handnähte geformt.
Um das Kinn zu betonen, stechen Sie mit Nadel und Faden unter dem Kinn in den Kopf. Lassen Sie den Faden etwa auf der Hälfte zwischen Nase und Kinnspitze, 0,5 cm neben der Naht, wieder herauskommen. Auf der anderen Seite der Naht wieder zur Kinnunterseite zurückstechen. Ziehen Sie den Faden stramm und verknoten ihn gut.

Bemalung

Umranden Sie die Hexenaugen mit schwarzem Lidstrich. Die Augenbrauen malen Sie schwarz und buschig, dazu viele feine Striche nebeneinandersetzen.
Ein paar Warzen darf eine Hexe auch haben. Malen Sie diese hellbraun, also in einer Mischung aus Braun mit etwas Weiß. Der Mund ist rot und hat hängende Mundwinkel.

Hexenhut

Zuschneiden:
1 x Hutkrempe als Ring (Bogen B) mit 0,5 cm Nahtzugabe aus schwarzem Filz
1 x Hutoberteil (Bogen B), schwarzer Filz.

Legen Sie die Kanten A und B des Filzzuschnitts aufeinander, zusammennähen. Nähen Sie nun das Hutoberteil rechts auf rechts an den inneren Kreisausschnitt der Krempe. Wenden Sie den Hut auf rechts.

Kostüm

Zuschneiden:
2 x Grundschnitt Körper (Bogen B) mit 0,5 cm Nahtzugabe, schwarzer Stoff
1 x Rockbahn (ohne Vorlage): 55 x 10 cm großer Streifen aus Tüll
1 x Halstuch (Bogen B), ohne Nahtzugabe, gemusterter Stoff.

Nähen: siehe Anleitung Seite 45.
Nähen Sie den Tüll an den Schmalkanten zusammen. Ziehen Sie an einer offenen Seite einen Kräuselfaden ein und raffen den Rock auf 28 cm Weite zusammen. In etwa 14 cm Höhe, vom Saum des Körpers aus gemessen, nähen Sie den Rock ringsherum auf. In die untere Kante können Sie kleine Zacken schneiden, der Tüll franst nicht aus. Das Halstuch säumen Sie ringsherum.

Frisur

Schneiden Sie aus dem schwarz-grauen Plüsch einen 24 x 1 cm langen Streifen; die Schmalkante ist wieder Strichrichtung. Stecken Sie den Plüschstreifen zum Haarkranz um den Hexenkopf und prüfen Sie, ob der Hut sitzt. Wenn der Haaransatz verdeckt ist, kleben Sie den Plüsch an.

Fertigstellung

Siehe Seite 35.
Setzen Sie der Hexe den Hut auf und nähen ihn in der Hutnaht ringsherum an. Das Halstuch um den Hals knoten und vorn mit einigen Handstichen am Hals anheften.

Hui Buh, das Gespenst

Material

Weißer Trikot, 15 x 30 cm
Weißer Stoff, 25 x 50 cm
Weißer Fellrest oder Plüsch, 12 x 2 cm
Blauer Filzrest
2 Knöpfe mit Straßstein
Blauer Wachsmalstift

Kopf

Anleitung siehe Seite 43; bitte verwenden Sie Kopfschnitt C (Bogen B).
Das Gespenst bekommt ovale Augen aus blauem Filz, die Vorlage finden Sie auf Bogen B. Als Iris nähen Sie die beiden Straßknöpfe darauf.
Malen Sie den Mund mit blauer Farbe. Auch das Rouge ist blau.

Körper

Zuschneiden:
2 Stücke weißer Stoff zu je 25 x 25 cm (ohne Vorlage).
Legen Sie die Stoffteile rechts auf rechts und nähen Sie an drei Seiten zusammen; versäubern.
Wenden Sie den Körper und säumen die noch offene Kante.

Haare

Schneiden Sie aus weißem Fell oder Plüsch einen 12 x 2 cm langen Streifen. Kleben Sie das Stück als stirnfreien Haarkranz um den Kopf; verdecken Sie dabei den Knoten des Augenfadens am Hinterkopf.

Fertigstellung

Greifen Sie von unten in den Körper. Zwei Stoffzipfel ergeben die Hände, dazwischen stecken Sie den Kopf auf. Da der Körper kein Halsteil hat, wirft der Stoff Kräuselfalten.

Milchzahn, der Vampir

Material

Hautfarbener Trikot, 15 x 30 cm
Schwarzer Stoff, 25 x 60 cm
Roter Stoff, 24 x 22 cm
Grauer oder schwarzer Plüschrest
Weißer Filzrest
2 grüne Glas-Katzenaugen, Ø 8 mm

Kopf und Hände

Den Trikotstoff für den Kopf schneiden Sie nach Kopfteil C auf Bogen B zu; Nähanleitung für Kopf und Hände siehe Seite 43. Die Nase wird mit einigen Handstichen geformt (siehe Seite 44). Augenbrauen und Mund malen Sie mit Stoffmalfarbe wie auf dem Foto gezeigt.
Schneiden Sie zwei Zähne aus weißem Filz (Bogen B) und kleben sie in den Mund.

Frisur

Übertragen Sie die Vorlage auf Bogen B zweimal auf schwarz-grauen Plüsch, davon einmal seitenverkehrt. Schneiden Sie die Teile ohne Zugabe aus.
Legen Sie die Abschnitte rechts auf rechts zusammen und nähen die Scheitelnaht. Perücke auf rechts wenden und der Puppe aufsetzen, eventuell müssen Sie die Kontur etwas nachschneiden. Jetzt kleben Sie die Haare fest und stutzen sie auf die gewünschte Länge.

Kleidung

Zuschneiden:

2 x Grundschnitt Körper (Bogen B) mit 0,5 cm Nahtzugabe, schwarzer Stoff
4 x Beinteil (Bogen B), davon 2 x seitenverkehrt, mit 0,5 cm Nahtzugabe, schwarzer Stoff
1 x Umhang (keine Vorlage): 24 x 22 cm, schwarzer Stoff
1 x Umhang (keine Vorlage): 24 x 22 cm, roter Stoff.

Nähanleitung für den Körper siehe Seite 45. Legen Sie nun je zwei Beinteile rechts auf rechts und schließen die Nähte, die obere Kante bleibt offen. Wenden Sie die Beine und stopfen sie aus. Die oberen 2 cm nicht füllen. Schlagen Sie die Nahtzugabe an der offenen Kante nach innen um und legen sie Naht auf Naht zusammen.
Nähen Sie die Beine mit der Nähmaschine oder von Hand an den Saum des Körpervorderteils.
Für den Umhang legen Sie ein schwarzes und ein rotes Stoffstück von jeweils 24 x 22 cm rechts auf rechts aufeinander. Nähen Sie die Teile ringsherum zusammen, lassen Sie dabei etwa 5 cm offen. Umhang wenden und bügeln. Steppen Sie ihn knappkantig neben der Naht ringsherum ab und schließen die Wendeöffnung. Ziehen Sie nun 6 cm von einer Schmalkante aus gemessen einen Kräuselfaden ein und ziehen Sie ihn auf den Halsumfang der Puppe zusammen.

Fertigstellung

Siehe Seite 35. Legen Sie zum Schluß den Umhang mit der schwarzen Seite nach außen um den Vampirhals und nähen ihn entlang des Kräuselfadens am Hals fest.

Der Kasperl

Material

Hautfarbener Trikot, 15 x 36 cm
Karierter Stoff, 18 x 40 cm
Roter Stoff, 30 x 64 cm
Blauer Stoff, 10 x 52 cm
Weißer Filz, 15 x 30 cm
Schrägband, 29 cm
2 blaue Glasaugen, Ø 8 mm
Gelbe Wolle
1 Glöckchen

Kopf und Hände

Schneiden Sie den Kasperlkopf nach Grundschnitt B zu (Bogen B), dann basteln Sie Kopf und Hände nach der Anleitung auf Seite 43.
Die Nase wird nicht nachgeformt; dafür sind die Mundwinkel mit einem Faden modelliert, wie Sie es schon vom Puppentyp I kennen (siehe Seite 34).
Malen Sie nun das Gesicht wie auf Seite 45 erklärt: Der Mund darf beim Kasperl ruhig größer ausfallen und herzlich lachen.

Frisur

Unser Kasperl bekommt die gleiche Wollfrisur wie Seppl (Anleitung Seite 38).

Kasperlmütze

Schneiden Sie den roten Stoff nach der Vorlage auf Bogen B zu. Legen Sie die Kanten A und B rechts auf rechts, schließen und versäubern Sie die Naht.
Mütze auf rechts wenden und das Glöckchen mit Handstichen an der Spitze festnähen.

Kleidung

Zuschneiden:
2 x oberer Körperteil mit 0,5 cm Nahtzugabe (Grundschnitt Bogen B bis Trennlinie 2), karierter Stoff
2 x unterer Körperteil mit 0,5 cm Nahtzugabe (Grundschnitt ab Trennlinie 2 bis zum Saum), roter Stoff
2 x Beine (keine Vorlage): 14 x 14 cm, roter Stoff
4 x Füße (Bogen B), davon 2 x seitenverkehrt, mit 0,5 cm Nahtzugabe, blauer Stoff
2 x Kragen (Bogen B), weißer Filz.

Nähen Sie als erstes die Zuschnitte für die Beine jeweils an zwei gegenüberliegenden Kanten zu zwei Schläuchen zusammen und wenden diese.
Legen Sie nun die oberen Körperteile rechts auf rechts, schließen und versäubern die Nähte. Armöffnungen und Saumkante bleiben offen.

Die unteren Körperteile legen Sie ebenfalls rechts auf rechts. Dann schließen und versäubern Sie die Seitennähte. Oberes und unteres Körperteil werden nun an der Trennlinie rechts auf rechts aneinander gesteppt. Dabei fassen Sie die Beine in der Naht mit. Legen Sie dafür die Beine so zwischen die Körperteile, daß die Beinnaht jeweils mittig auf der Beinrückseite verläuft. Säumen Sie den unteren Rand des Kostüms. Je zwei Fußteile rechts auf rechts zusammennähen, versäubern und wenden.

Stopfen Sie Beine und Füße aus. Schlagen Sie an Beinen und Füßen den Stoff etwa 0,5 cm nach innen ein. Verbinden Sie beide Teile mit Matratzenstichen. Die rückwärtige Bein- und die Fußnaht liegen jetzt genau übereinander.
Legen Sie die beiden Filzteile für den Kragen aufeinander und steppen alle Kanten schmalkantig zusammen. Der Kragen wird nicht gewendet.

Fertigstellung

Siehe Anleitung Seite 35. Achtung: Bevor Sie den Kopf aufsetzen, legen Sie den Kragen über den Hals.
Schlagen Sie den Stoff am Mützenrand etwa 0,5 cm nach innen ein und nähen die Mütze so auf den Haarkranz, daß das Schrägband vollständig verdeckt wird.

Typ 3 Tiere

Material und Werkzeug sind die gleichen wie bei den übrigen Handpuppen (siehe Seite 32). Die Körper lassen sich sehr gut aus Wollstoff oder Fellimitat nähen. Zusätzlich brauchen Sie lediglich schwarzes Stickgarn, mit dem Sie die Schnauzen aufsticken.
Hier wieder die Grundanleitung, nach der Sie alle Varianten basteln:

Drusel, der kleine Drache

Material

Grüner Wollstoff, 30 x 100 cm
Roter Wollstoff, 30 x 60 cm
Weißer Filzrest
2 schwarze Knöpfe (Augen)
Rote Wolle
Schwarzes Stickgarn

Zuschneiden:
Soweit nicht anders angegeben, schneiden Sie bitte alle Teile mit 0,5 cm Nahtzugabe aus. Die Vorlagen A bis J finden Sie auf Bogen B.
2 x Kopf-Seitenteil A, davon 1 x seitenverkehrt, grüner Stoff
1 x Kopf-Mittelteil B, grüner Stoff
2 x Ohren C, davon 1 x seitenverkehrt, grüner Stoff
2 x Ohren C, davon 1 x seitenverkehrt, roter Stoff
2 x Körper/Seitenteil D, davon 1 x seitenverkehrt, grüner Stoff
1 x Bauchteil E, roter Stoff

2 x Beine F, davon 1 x seitenverkehrt, grüner Stoff
2 x Arme G, davon 1 x seitenverkehrt, grüner Stoff
2 x Rückenzacken H, ohne Nahtzugabe, roter Stoff
2 x Auge I, ohne Nahtzugabe, weißer Filz
4 x Flügel J, davon 2 x seitenverkehrt, roter Stoff.

Übertragen Sie auch die Ohransatzlinien des Kopfschnittes: am besten mit Heftstichen kennzeichnen, die auch auf der rechten Stoffseite sichtbar sind. Schneiden Sie die Ansatzlinie für die Flügel wie angegeben ein.

Variante: Wenn Sie sich das Nähen vereinfachen wollen oder wenig Zeit haben, schneiden Sie einfach statt der Teile E, F und G das Bauchteil aus grünem Stoff aus, das Sie bei den Fledermaus-Schnitten finden.

Kopf

... wird immer zuerst genäht. Stecken Sie die beiden seitlichen Kopfteile rechts auf rechts und nähen sie von Markierung A bis B zusammen.

Das Kopfmittelteil von C über B zur anderen Seite C zwischen den Seitenteilen feststecken und einnähen.

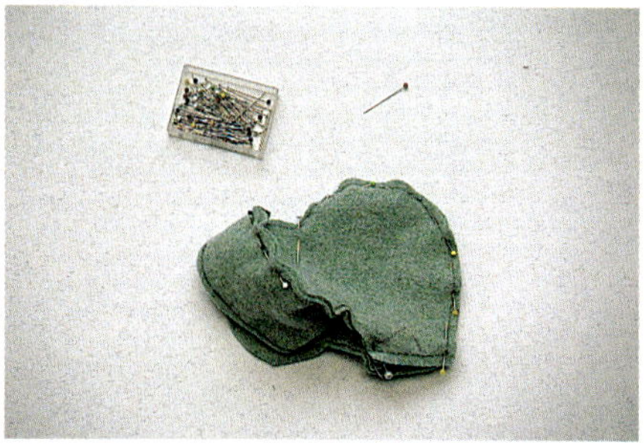

Der Hals bleibt offen. Wenden Sie das Kopfteil auf rechts. Stopfen Sie den Kopf fest aus. Nehmen Sie immer nur kleine Mengen Füllmaterial. Formen Sie keine dicken »Watteknubbel«, die später unschöne Beulen ergeben.
In der Mitte des Halsausschnitts muß ein Hohlraum für den Hals bleiben. Stecken Sie einfach einen dicken Stift hinein und stopfen rundherum weiter.

Für den lustigen **Haarschopf** wickeln Sie etwas rote Wolle um drei bis vier Finger. Schneiden Sie die Wolle an einer Seite auf und binden sie in der Mitte zusammen. Mit einigen Handstichen nähen Sie die Mähne auf dem Kopf fest.

Jetzt kommen die **Ohren** dran: Legen Sie je ein grünes und ein rechtes Ohrteil rechts auf rechts und nähen sie zusammen, dabei die Ansatzkante offenlassen. Beide Ohren auf rechts wenden. Schlagen Sie die Nahtzugabe an den Ansatzkanten nach innen und nähen sie mit Matratzenstichen zu. Klappen Sie die obere Kante etwa 1 cm zur roten Seite hin um, wenn Sie die Ohren an den Kopf nähen.

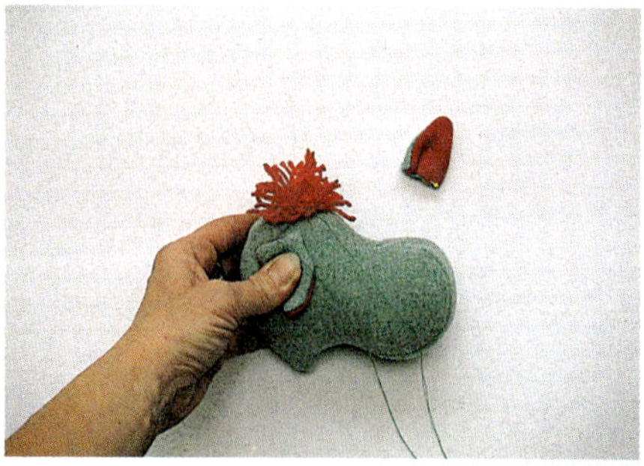

Für die **Augen** schneiden Sie aus weißem Filz zwei Augäpfel nach der Vorlage zu. Legen Sie zunächst die Position der Augen mit zwei Stecknadeln fest. An diesen Stellen kleben Sie nun das Augenweiß mit Bastelleim auf, dabei entfernen Sie die Stecknadeln.
Dann nähen Sie die schwarzen Augenknöpfe mit doppeltem Faden auf und zwar so:
Fadenende verknoten. Mit der Nadel vom rechten Augenweiß zum linken durchstechen.

Einen Knopf auffädeln und zum rechten Augenweiß zurückstechen.
Das zweite Auge auffädeln und wieder mit der Nadel zur linken Seite stechen.

Diese Stiche noch zweimal wiederholen. Den Faden unter einem Auge verknoten.

Teilen Sie das schwarze Stickgarn von sechs auf drei Fäden. Sticken Sie nun Mund und Nasenlöcher auf.

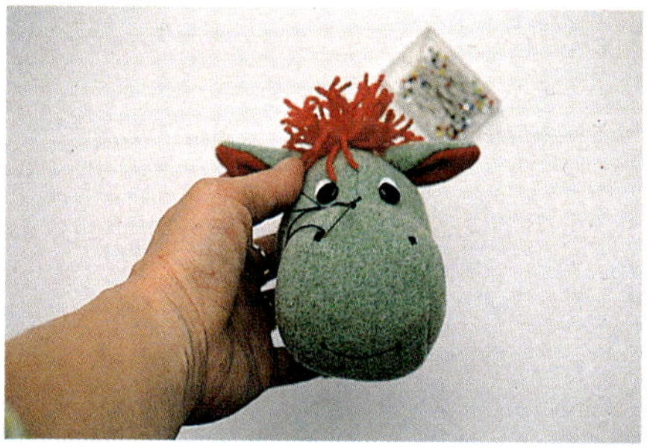

Wenn Sie ein Drachenmädchen machen möchten, binden Sie vielleicht noch ein kleines Schleifchen ins Haar.

Bauch, Arme und Beine

Legen Sie die Arm- und Beinteile buchstabengleich und rechts auf rechts auf das Bauchteil.

Nähen Sie die Arme von E bis F und die Beine von G bis H an das Bauchteil. Schließen Sie nun die Rückennaht der seitlichen Körperteile, in der die Rückenzacken mitgefaßt werden: Dazu legen Sie die Zackenkämme links auf links zusammen und stecken sie entlang der Rückennaht zwischen den Markierungen auf die rechte Stoffseite. Legen Sie die Seitenteile rechts auf rechts und schließen die Naht von Markierung I bis J.

Flügel

Bevor der Körper zusammengenäht wird, sind die Flügel an der Reihe. Nähen Sie je zwei Flügelteile rechts auf rechts zusammen und lassen die Ansatzkante offen.

Schneiden Sie die Nahtzugabe zwischen den Bögen bis kurz vor die Naht ein. Flügel wenden. Schieben Sie nun die offene Flügelkante von rechts durch den Schlitz der seitlichen Körperteile. Fassen Sie die Kanten des Schlitzes und die Flügelkanten so zusammen, daß vier Stofflagen aufeinanderliegen.

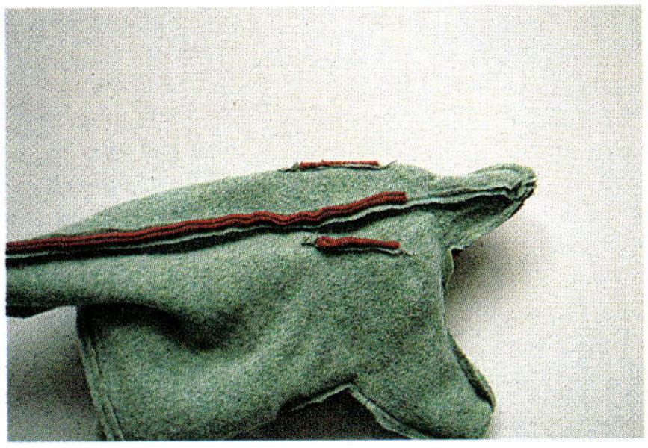

Nähen Sie alle Stofflagen mit der Nähmaschine oder von Hand fest.

Körper und Füße

Bauch und Rückenteil rechts auf rechts aneinanderlegen. Die Punkte I, J und M liegen deckungsgleich. Nähen Sie nun die Körperteile von I bis K und von L bis M zusammen. Bei den Füßen legen Sie anschließend die Punkte K auf L und schließen die Fußnaht.

Nähen Sie nun den Abnäher des Bauchteils. Wenden Sie den Körper und säumen die offene Kante.
Die Füße stopfen Sie mit etwas Watte aus und nähen sie an der Beinnaht von G bis H durch beide Stofflagen hindurch zu.

Zehen

Mit doppeltem Faden werden nun die Zehen von Hand abgenäht: Teilen Sie zunächst den Fuß mit zwei Markierungs-Stecknadeln in drei etwa gleich große Teile. Dann stechen Sie von der Fußsohle zur Fußoberseite durch, so daß die Nadel bei der ersten Stecknadel herauskommt.
Legen Sie den Faden um die Fußspitze herum zur Unterseite, erneut von der Fußsohle zur Oberseite durchstechen. Faden strammziehen.
Noch einmal an der gleichen Stelle um die Fußspitze herumlegen und zur Fußoberseite stechen.
Die Nadel unter dem Stoff her zur zweiten Stecknadel führen.

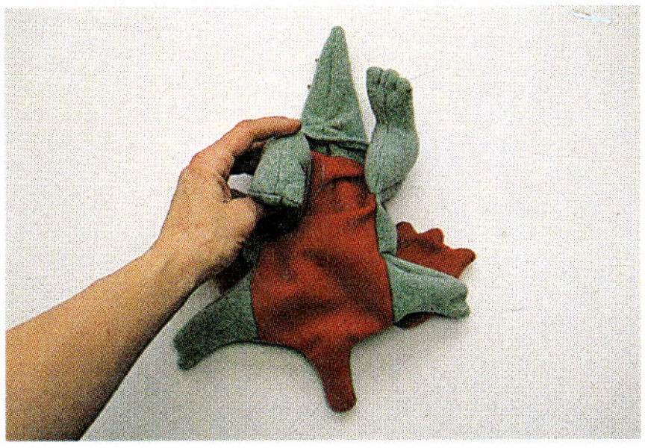

Den Vorgang hier wiederholen, Faden strammziehen und an der Fußunterseite vernähen.

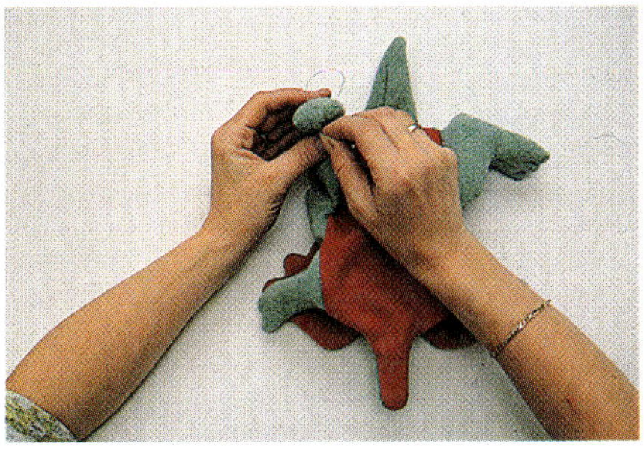

Wenn Sie beide Füße so abgenäht haben, ist der Körper fertig.

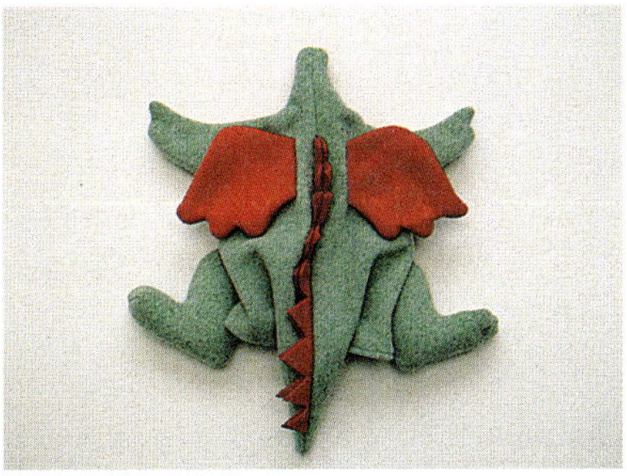

Fertigstellung

Wie bei den übrigen Handpuppen auf Seite 35 beschrieben, verbinden Sie auch bei den Tierfiguren Kopf und Körper mit festen Matratzenstichen. Nähen Sie zur Sicherheit zwei Runden.

Brummel, der Bär

Material

Hellbrauner Wollstoff, 10 x 30 cm
Beiger Wollstoff, 30 x 90 cm
2 braune Glas-Tieraugen, 12 mm
Schwarzes Stickgarn
Werkzeug und Zubehör siehe Seite 31

TIP:
Wenn Sie nicht mit Puppentrikot basteln möchten, können Sie mit Brummels Kopf-Grundschnitt auch sehr gut Handpuppen vom Typ I nähen (Seite 33). Die typischen Hautfarben von Indianern, Chinesen oder Farbigen lassen sich mit Wollstoffen oft besser wiedergeben als mit Trikot, den es nur in Beige, Weiß und Dunkelbraun gibt.

Zuschneiden:
Alle Teile mit 0,5 cm Nahtzugabe zuschneiden. Die Vorlagen A bis F finden Sie auf Bogen B.

4 x Grundschnitt Kopf A, davon 2 x seitenverkehrt, beiger Stoff
1 x Schnauze B, beiger Stoff
2 x Ohren C, beiger Stoff
2 x Ohren C, hellbrauner Stoff
2 x Körper-Seitenteil D, davon 1 x seitenverkehrt, beiger Stoff
1 x Körper-Bauchteil E, beiger Stoff
2 x Pfote F, hellbrauner Stoff.

Kopf

Nähen Sie zuerst die Ohren. Legen Sie dazu je ein beiges und ein hellbraunes Ohrteil rechts auf rechts und nähen sie zusammen. Lassen Sie die Ansatzkante offen. Ohren auf rechts wenden.
Legen Sie nun je zwei Kopfteile deckungsgleich rechts auf rechts und schließen die Kopfmittelnähte von A nach B.

Diese beiden Kopfteile wiederum rechts auf rechts zusammenlegen, so daß die Punkte A und C deckungsgleich sind. Die beiden Ohren werden an den Markierungen in den Seitennähten zwischengefaßt, sie liegen dabei unsichtbar zwischen den Kopfteilen.

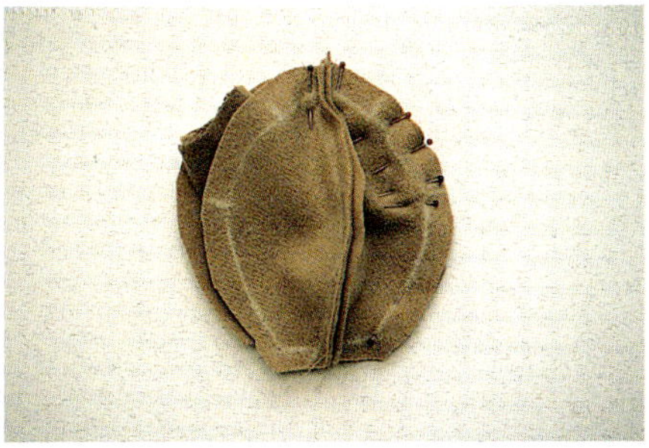

Schließen Sie die Seitennaht von C über A nach C. Wenden Sie die Kopfhülle und stopfen sie aus.
Das Schnauzenteil so rechts auf rechts zusammenfalten, daß die Punkte E aufeinander liegen.

Schließen Sie die Naht von D bis E und wenden das Schnauzenteil.

Plazieren Sie die Schnauze so am Kopf, daß die Punkte F und D auf die Kopfmittelnaht treffen. Stecken Sie die Schnauze ringsherum mit Stecknadeln fest. Dabei die Nahtzugabe nach innen einschlagen. Schieben Sie ein wenig Watte hinein. So sehen Sie besser, ob sie gut sitzt.

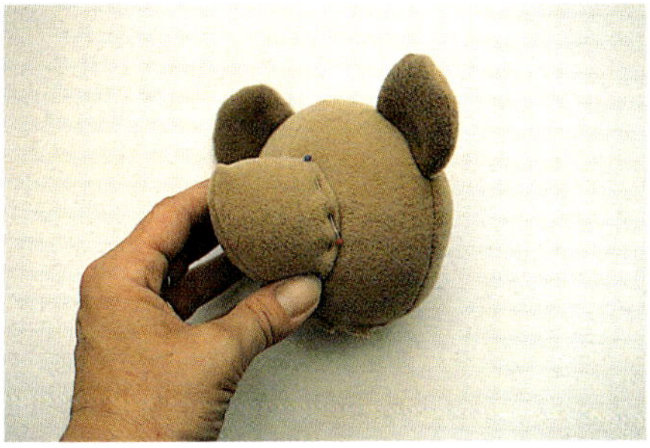

Die Schnauze mit Matratzenstich festnähen und kurz vor dem Nahtende fest ausstopfen. Naht ganz schließen.

Die braunen Glasaugen nähen Sie mit Zwirnsfaden an. Gehen Sie vor wie auf Seite 44 beschrieben, danach können Sie beide Augen gleichmäßig etwas einziehen.

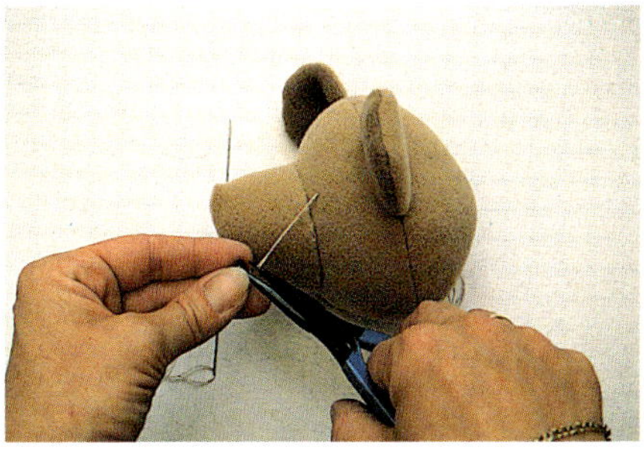

Stechen Sie mit der Nadel im Nacken etwa 1 cm über der Halsöffnung ein, so ist die Stelle nach dem Annähen des Körpers kaum noch sichtbar.
Die Schnauze sticken Sie – wie auf dem Foto zu sehen ist – wieder mit schwarzem Stickgarn auf.

Körper

Legen Sie die beiden Seitenteile rechts auf rechts und schließen die Naht G bis H. Nun legen Sie das Rückenteil mit dem Bauchteil rechts auf rechts und nähen von I über G nach I und von K bis L.

In engen Nahtkurven schneiden Sie die Nahtzugabe bis kurz vor die Naht ein. So zieht der Stoff nach dem Wenden keine Falten.

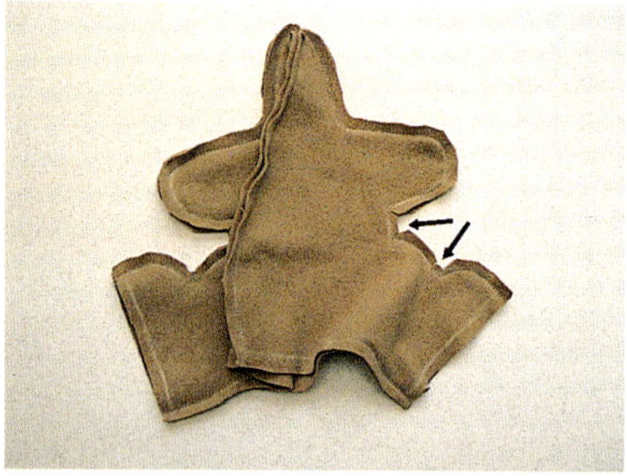

Die Sohlen deckungsgleich mit den Markierungen I und K in die offenen Pfoten nähen.

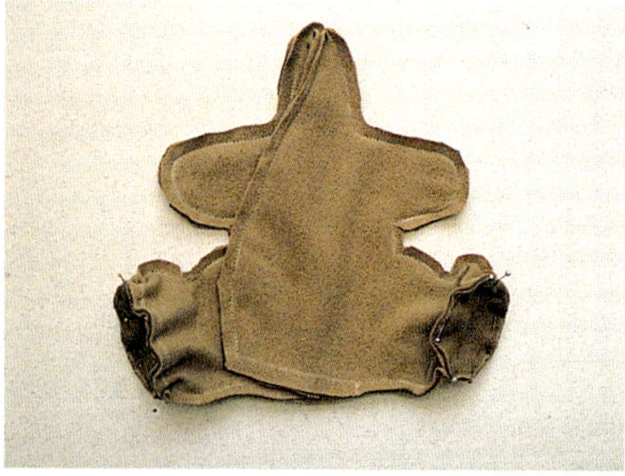

Nun wenden Sie den Körper auf rechts und säumen die untere Öffnung. Stopfen Sie die Beine locker aus, dann mit einer Naht von L bis M schließen, wobei Sie durch beide Stofflagen nähen. Jetzt sticken Sie die Zehen auf.

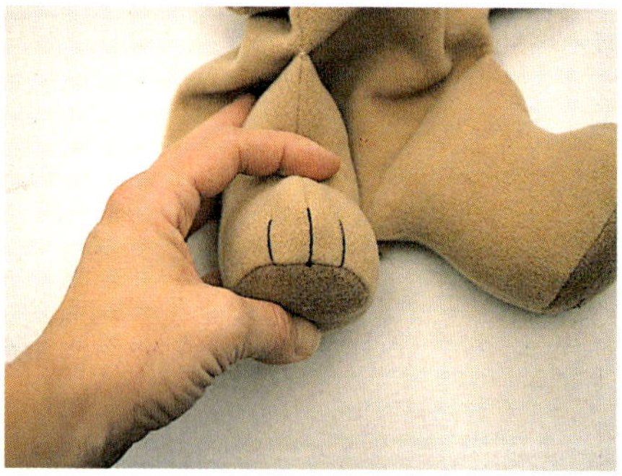

Fertigstellung

Siehe Seite 57.

Lui, der Tiger

Material

Fellimitat mit Tigerstreifen, 30 x 96 cm
Weißer Plüsch, 8 x 11 cm
Beiger Wollstoff, 10 x 14 cm
Weißer Filzrest
2 Glas-Tieraugen, 12 mm
Schwarzes Stickgarn
Werkzeug und Zubehör siehe Seite 31

Zuschneiden:
Alle Teile mit 0,5 cm Nahtzugabe ausschneiden. Beachten Sie die Strichrichtung des Tigerstoffes. Die Teile A, C, D, E und F sind die gleichen wie beim Bären Brummel; alle Vorlagen finden Sie auf Bogen B.

4 x Grundschnitt Kopf A, davon 2 x seitenverkehrt, Tigerstoff
1 x oberes Schnauzenteil B1, Tigermuster
2 x unteres Schnauzenteil B2, davon 1 x seitenverkehrt, weißer Plüsch
4 x Ohren C, Tigermuster
2 x Körper-Seitenteil D, davon 1 x seitenverkehrt, Tigermuster
1 x Körper-Bauchteil E, Tigermuster
2 x Pfote F, beiger Wollstoff
1 x Schwanz G, Tigermuster
2 x Auge H, weißer Filz.

Körper

Er wird nach der Anleitung auf Seite 59 genäht.
Achtung: Luis Schnauze besteht aus drei Teilen! Legen Sie die beiden unteren Schnauzenteile rechts auf rechts und nähen von Markierung 1 bis 2.
Nähen Sie nun das obere Schnauzenteil entsprechend der Paßzahlen rechts auf rechts an das untere. Gehen Sie dann weiter vor wie auf Seite 59 beschrieben.

Wie Sie die Augen aufnähen, lesen Sie auf Seite 44 und 59.
Den Schwanz legen Sie im Stoffbruch rechts auf rechts und nähen ihn zusammen, nur die Ansatzkante bleibt offen. Wenden Sie den Schwanz auf rechts und fassen ihn beim Schließen der Rückennaht mit, und zwar 3 cm oberhalb der Saumkante.

Fertigstellung

Siehe Seite 57. Nun brauchen Sie nur noch einzelne Härchen mit einer Stecknadel oder einem Kamm vorsichtig aus den Nähten zu ziehen, und Ihr Tiger ist sprungbereit!

Jimmi, der Affe

Material

Beiger Wollstoff, 13 x 36 cm
Hellbrauner Wollstoff, 30 x 90 cm
Weißes Fell oder Plüsch, 0,5 x 12 cm
2 braune Glas-Tieraugen, Ø 12 mm
Schwarzes Stickgarn

Zuschneiden:
Alle Teile mit 0,5 cm Nahtzugabe ausschneiden. Die Teile B bis F finden Sie auf Bogen B. Teil A entnehmen Sie dem Bären-, Teil G dem Tiger-Schnitt.

4 x Kopf-Grundschnitt A, davon 2 x seitenverkehrt, hellbrauner Stoff
1 x Nase B, beiger Stoff
2 x unteres Schnauzenteil B1, davon 1 x seitenverkehrt, beiger Stoff
4 x Ohren C, davon 2 x seitenverkehrt, beiger Stoff
2 x Fuß D, davon 1 x seitenverkehrt, beiger Stoff
2 x Hand D1, davon 1 x seitenverkehrt, beiger Stoff
2 x Körper-Seitenteil E, davon 1 x seitenverkehrt, hellbrauner Stoff
1 x Körper-Bauchteil F, im Bruch zuschneiden, hellbrauner Stoff
1 x Schwanz G, hellbrauner Stoff.

Kopf

Siehe Anleitung Seite 59.
Die Schnauze besteht aus drei Teilen.

Legen Sie die unteren Schnauzenteile rechts auf rechts und nähen von Markierung A nach B.

Beim Nasenzuschnitt legen Sie die Falten (X auf O) und heften sie mit einigen Handstichen, so daß beim Nähen nichts verrutscht.
Nähen Sie nun die Nase von C über A nach C rechts auf rechts an das untere.

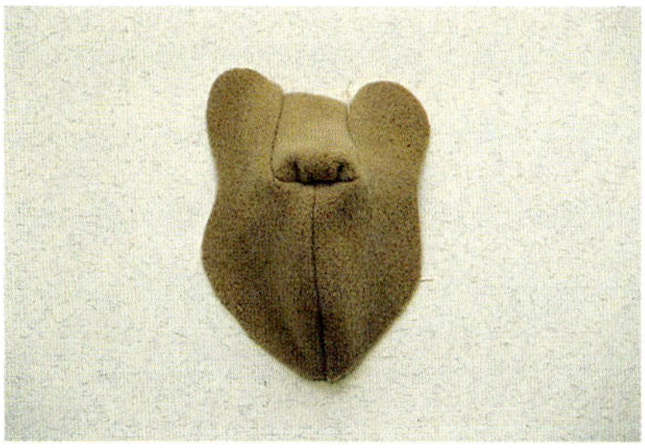

Nun den Abnäher ins untere Schnauzenteil nähen.

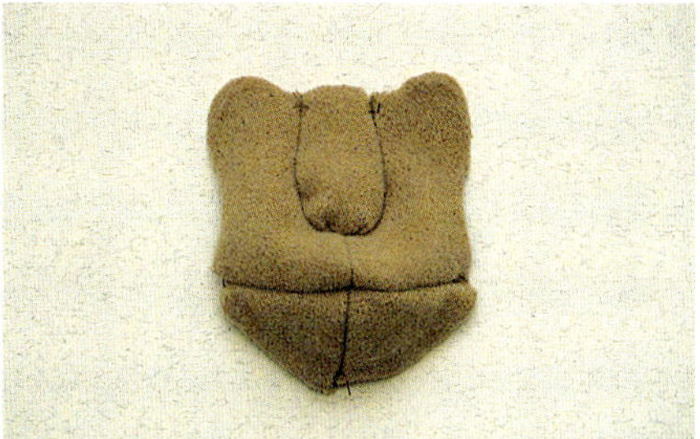

Stecken Sie die Schnauze mit Stecknadeln auf. Stopfen Sie Nase und Maul mit etwas Watte. Der Augenbereich bleibt frei.
Nähen Sie die Schnauze dann mit Matratzenstich an und stopfen dabei Nase und Maul fester aus.

Kleben Sie den 0,5 x 12 cm langen Fellstreifen längs der oberen Kante des Schnauzenteils. Eventuell kürzen.
Die Augen nähen Sie nach der Beschreibung auf Seite 59 an.

Körper

Legen Sie das Schwanzteil im Stoffbruch rechts auf rechts und nähen es zusammen. Die Ansatzkante bleibt offen.
Den Schwanz auf rechts wenden.
Die seitlichen Körperteile rechts auf rechts legen und den Schwanz 3 cm über der Saumkante in der Rückennaht (von E bis F) mitfassen.
Nähen Sie nun die Hand- und Fußteile rechts auf rechts an das Bauchteil. Achten Sie darauf, daß die »Daumen« nach oben zeigen.
Nun nähen Sie Rücken- und Bauchteil zusammen und gehen weiter vor wie auf Seite 57 beschrieben.

Fips, die Fledermaus

Material

Blauer Wollstoff, 30 x 100 cm
Lila Wollstoff, 20 x 35 cm
Weißer Filzrest
2 schwarze Knöpfe (Augen)
Rosa Kordel, 19 cm
Schwarzes Stickgarn

Zuschneiden:
Soweit nicht anders angegeben, werden alle Teile mit 0,5 cm Nahtzugabe zugeschnitten. Die Vorlagen A bis F finden Sie auf Bogen B, den Augenschnitt als Teil I bei Drusel, dem Drachen.

2 x Kopf-Seitenteil A, davon 1 x seitenverkehrt, blauer Stoff
1 x Kopf-Mittelteil B, blauer Stoff
2 x Ohren C, davon 1 x seitenverkehrt, blauer Stoff
2 x Ohren C, davon 1 x seitenverkehrt, lila Stoff
2 x Körper-Seitenteil D, davon 1 x seitenverkehrt, blauer Stoff
1 x Körper-Bauchteil E, blauer Stoff
4 x Flügel F, davon 2 x seitenverkehrt, lila Stoff
2 x Augen ohne Zugabe, weißer Filz.

Kopf

Das Mittelteil wird, wie Sie im Schnitt sehen können, nicht von der Nase zum Hals, sondern von der Nase zum Nacken eingesetzt. Wenn Sie Kopf und Ohren genäht haben, sticken Sie auch hier eine Schnauze mit geteiltem schwarzem Stickgarn auf (Anleitung Seite 56).

Flügel

Nähen Sie wie auf Seite 56/57 beschrieben; dann deuten Sie die Flügelrippen mit Steppnähten an (siehe Schnittmarkierungen). Flügel wie beim kleinen Drachen in den Schlitz der Seitenteile einnähen.

Körper und Schwanz

Den Körper nähen Sie nach der Anleitung auf Seite 57. Für den Schwanz legen Sie die 19 cm lange Kordel 6 cm von der Saumkante entfernt zwischen die seitlichen Körperteile. Schließen Sie die Rückennaht und fassen dabei die Kordel mit. Das Ende sichern Sie mit einem festen Knoten.

Fertigstellung

Siehe Grundanleitung auf Seite 57.

Die Deutsche Bibliothek – CIP-Einheitsaufnahme
Lustige Spielpuppen: Hand-, Finger- und Tütenpuppen leicht und schnell selbermachen; Vorlagen in Originalgröße/Marion Dawidowski. (Fotografie: Klaus Lipa und Marion Dawidowski). – Augsburg: Augustus-Verl., 1995
ISBN 3-8043-0327-7
NE: Dawidowski, Marion; Lipa, Klaus

Fotograf und Verlag bedanken sich bei den Beamten vom Polizeirevier Augsburg-Lechhausen, das für Otto Wichtig (siehe S. 43) ganz unbürokratisch und schnell eine funkelnagelneue Polizeikelle besorgte.

Fotografie: Klaus Lipa, Augsburg.
Arbeitsfotos von Marion Dawidowski
Lektorat: Eva-Maria Kuss, Augsburg
Umschlaggestaltung: Christa Manner, München
Layout: Anton Walter, Gundelfingen

AUGUSTUS VERLAG AUGSBURG 1995

Satz: Gesetzt aus 9,5 Punkt Weidemann Book in Quark-X-Press von Walter Werbegrafik, Gundelfingen
Reproduktion: Color Line, I-Verona
Druck und Bindung: Appl, Wemding

Gedruckt auf 120 g umweltfreundlich elementar chlorfrei gebleichtes Papier.

ISBN 3-8043-0327-7
Printed in Germany